（光が降ってきた）

（響くのはミシンの音）

（暗闇に何かがうごめき）

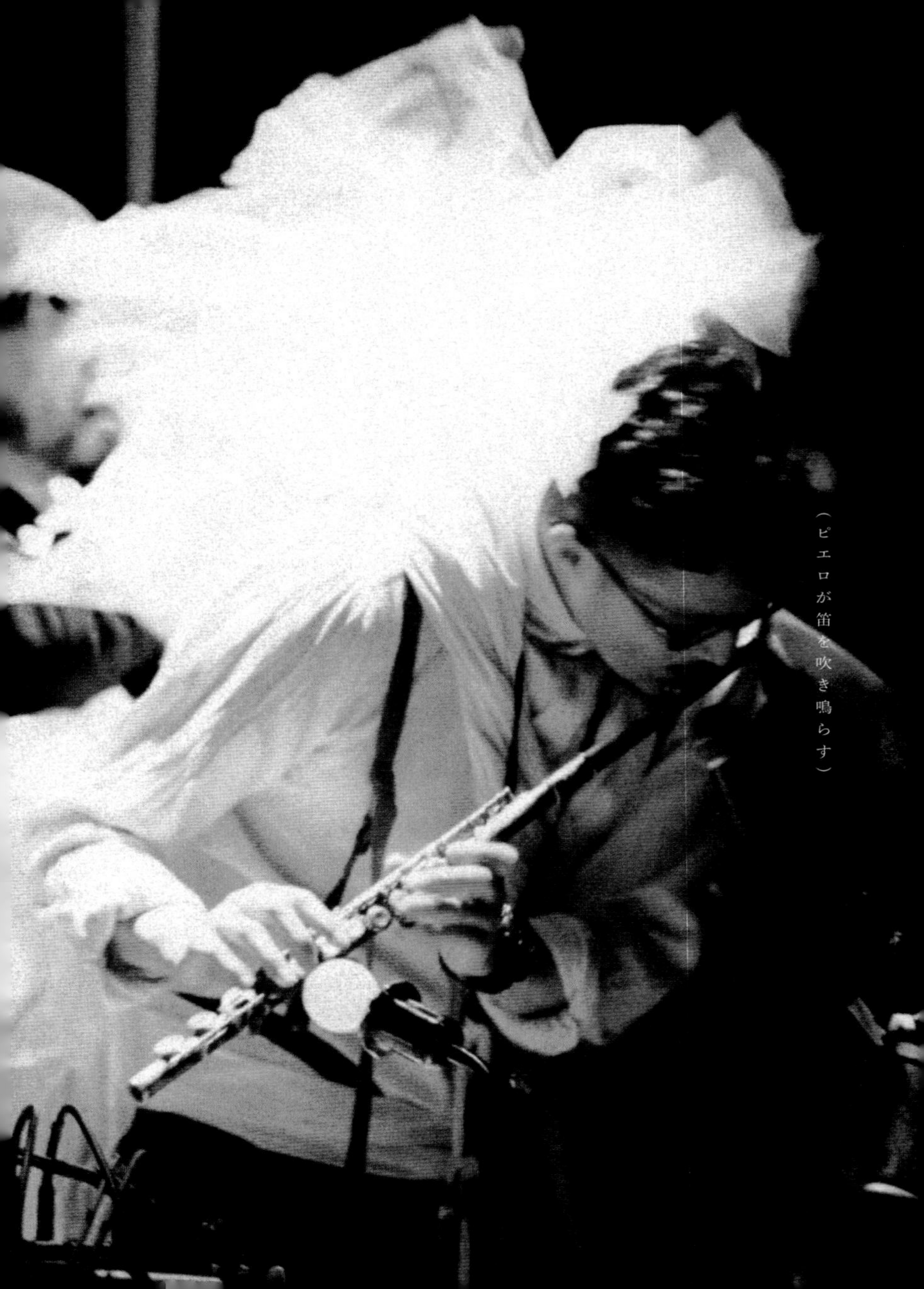
（ピエロが笛を吹き鳴らす）

（どこもかしこもぐるぐる巻きに）

（それは見たこともない世界）

（長い余韻を残して

したてやのサーカス

曽我大穂＝監修協力
髙松夕佳＝聞き手・編

夕書房

表現とは本来、
未分化で未整理であり、
人の衝動や思いの塊のようなものであるとの考えから、
さまざまな表現が混在するままの姿を伝えるべく、
過剰な演出、
作為的な行為を排除し、
一心不乱に物づくりの姿を見せていく。

演じるのではなく、
動きの真実を見せること。
空間、音楽、光と影、衣服、料理……。
人の生活にあるすべてを使って、
どこか心を揺さぶられる瞬間をつくりあげたい。
自分たちが消え、
時代が移り変わっても残っていくような、
一〇〇〇年続く舞台表現の根元を求め、
挑戦を続けていく。

はじまり

高松夕佳

「仕立て屋のサーカス」とは何かと問われて、一言で答えられる人はいるのだろうか。

二人の音楽家と裁縫師、照明家によるこの「サーカス」に、アクロバティックな曲芸は存在しない。あるのは大量の布と即興音楽、そして裸電球の灯りのみ。観客は、何が起きるかわからない驚きと臨場感に飲み込まれながら、次第に得体の知れない懐かしさとせつなさ、そして包み込まれるような心地よさに満たされていく。

私が初めて彼らの公演を体験したのは、二〇一九年五月のことだった。

「いつなくなってしまうかもわからないから、記録に残しておきたいと、メンバーが言っている」

そう聞いて興味を持ち、新宿・LUMINE0で開催された「仕立て屋のサーカス大博覧会」に足を運んだ。

入場してまず目に入ったのは、ステージではなく、マーケットだった。ロビーには、飲み物や食事、お菓子、花、そして古本などを売る小さな出店ブースが並んでいる。ブースを巡って小腹を満たしたり本をめくったりしながら、ゆったりと過ごす。開演三〇分前、薄暗い奥の会場への扉がようやく開いた。

高い天井から十数本の紐が放射線状に伸びている。その下にはさまざまな大きさの布が地層をなすかのように敷き詰められ、円形をつくっている。円の中央からやや奥には一台の足踏みミシン、その脇にはキーボードやアコーディオンなどの楽器が無造作に置かれ、四、五列のイスが布エリアをぐるりと囲んでいる。全席自由。イス席だけでなく、中央の布エリアにも靴を脱いだ観客が座っている。繭に包まれた蛹の気分で、開演を待つ。

音楽家の曽我大穂が笛を吹きながらロビーに入ってきたら、それが開演の合図だ。

カタカタカタカタ……薄暗い会場に足踏みミシンを踏む音が響き、電球が裁縫師・スズキタカユキを照らす。音楽家・ガンジーがおもむろにコントラバスを鳴らし始め、曽我が布エリアに達すると、舞台は一気に動き出す。

ハーモニカにフルート、ピアニカなどを操る曽我とガンジーが無国籍な音楽を繰り出す傍らで、スズキは裁ちばさみを手にせわしく動き回り、布を裂き、断ち、結び、二人にみるみる衣装を付け足していく。ぐるぐると紐のように巻きつけた布は背中に至るとまるで翼のようだ。かと思えば次の瞬間、スズキは観客席の間に垂れていた紐に巨大な布をくりつけ、空間全体を変化させる。そしてそれらすべての営みを、照明家・渡辺敬之の繰り出す幻想的な光が静かに、ときにドラマチックに照らし出す。

終演後、いま体験したものが何だったのか、言葉を探そうとしたがまったく見つからない。そんな私に、曽我はこう言った。

「ぼくはこれをどこか、社会運動のつもりでやっているんです」。

言葉にできないこの舞台の、いったいどこが社会運動なのか。ミスマッチのようだが、どこか腑に落ちる感じもあった。そこを軸に彼らの活動を紐解いていけば、不思議な居心地のよさの理由がわかるかもしれない。

こうして私は、彼らと彼らを取り巻く人々の声を、少しずつ集めはじめた――。

したてやのサーカス　もくじ

このおはなしは、二〇一九年から二〇年にかけて聞き手が各地で採集した「語り」で構成されています。

仕立て屋のサーカス

Circo de Sastre

五人の創設メンバーたち

曽我大穂（そが・だいほ）

音楽家、多楽器奏者。一九七四年、奈良市生まれ。フルート、カヴァキーニョ、テープレコーダ、鍵盤楽器、トイ楽器などを使った即興演奏が持ち味。ジャム・バンド「CINEMA dub MONKS」のリーダー。二〇一四年、スズキタカユキらに呼びかけて「仕立て屋のサーカス」を結成、基本設計を手がけるとともに、総合演出を担当する。その他、ハナレグミ、二階堂和美、グットラックへイワ、mama!milk等のライブ・レコーディングサポート、テレビCM音楽の演奏・制作や、他ジャンル（映画、ダンス、演劇、写真、小説）とのセッション多数。近年は即興演奏のソロ公演等も行っている。

スズキタカユキ (Suzuki Takayuki)

服飾家、ファッションデザイナー。ファッションブランド「suzuki takayuki」代表。一九七五年、愛知県生まれ。アートギャラリーでの作品展示をきっかけにダンス、音楽関係の衣装を手がけるようになる。二〇〇二年のブランド立ち上げ以来、国内外でコレクションを発表し続ける。さまざまなアーティストとのコラボレーションや、ミュージシャンへの衣装提供のほか、演劇・ダンス・映画関係の衣装、舞台美術など、布や衣服にかかわる活動も精力的に行っている。

ガンジー (Gandhi)

コントラバス奏者。一九六八年、大阪府出身。琉球大学在学中より沖縄で音楽活動を始める。街場のベーシストとしてストレートなジャズを演奏する傍ら、曽我大穂らとCINEMA dub MONKSを結成。その後さまざまなアーティストのサポートなど活動の幅を広げる。僧侶でもある。

渡辺敬之（わたなべ・たかし）

照明作家、プランナー、エンジニア。一九八一年、兵庫県生まれ。二〇〇九〜一二年、原宿ＶＡＣＡＮＴの創設メンバーとして活動。裸電球や自作照明を使ってのアナログで自由な仕掛けが話題を呼び、ライブ照明を手がけるように。映画、ミュージックビデオ、ＣＭの照明、展覧会や展示会、ショーやパーティーの空間演出も行う。二〇一八年末の退団後も、外部協力として参加。

大神崇（おおがみ・たかし）

編集者、ディレクター。一九八四年、大阪府生まれ。二〇一六年まで、原宿ＶＡＣＡＮＴの創設メンバーとして活動。仕立て屋のサーカス設立時から二〇一八年まで「団長」として、制作を担当した。数多くのイベントを手がけたのち、独立。フットボールカルチャーマガジン「SHUKYU Magazine」編集長。カルチャーからスポーツまで幅広く活動している。

私にはときどき何かとても小さなものが生まれるのが見えるときがあります。突然小さなものが見えるのですが、何なのか分かりません。いつのまにかそこにある「何か」は、まるで小さな鍵のようで、灯された明かりのようです。その「何か」を理解するため、自分の中で対話をします。するとそれは急にひとりでに膨らんでいくのです。(…)大切なのは、大いに信頼する気持ちを持ち、せっかちにならないことです。まず自身の感情に耳を傾けなければならないのです。小さな明かりが灯り、エネルギーや意欲がうまれ、そして突然、次の段階へと導かれます。

——ピナ・バウシュ(振付家・舞踊家)

どこにも寄りかからず、すべてを含んだここにしかない景色

曽我大穂

頭の中で動かすドラマと名勝負

「仕立て屋のサーカス」の成り立ちには、ぼくのそれまでの経験が少なからず影響していると思います。振り返ると、すべてがつながって感じられるのです。

ぼくは奈良市生まれで、マンションや団地など、いつも周りにたくさんの子どもがいる環境で育ちました。

家には本があふれていましたが、テレビはありませんでした。親からは、ぼくが生まれて間もなく捨てた、と聞かされていました。乳児期のぼくは眼の粘膜が弱く強い光が苦手

だったため、医者から勧められたのだそうです。そうは言っても、学校で友達がテレビ番組の話をしていると、やっぱり見たくなる。仕方がないので、兄貴と二人でよくラジオでテレビの音声だけを聞いていました。「ドラえもん」にしても、今きっとこんなシーンなんだろうな、と音から想像するようになって。

毎日真っ暗になるまで外で泥んこになって遊び、家に帰るとラジオを聞いたり、本を読んだりする小学生でした。読書は、最初は小説ばかりでしたが、中学生くらいから脚本集にも手を出して、家にあった山田洋次や倉本聰、山田太一の脚本集を片っ端から読むようになりました。例えばテレビドラマの「ふぞろいの林檎たち」。巻頭の役柄紹介のページには、役名の下に中井貴一や時任三郎ら演者の写真が小さくついていた。最初に写真をじーっと見て顔を覚えたら、脚本に一気に入りこんで、頭の中で必死に役者を動かし、自分なりのドラマを作っていくのです。文字を追っているというより、文字から映像を立ち上げながら立体的に物語を進めていく。そういう癖が身体に沁みついていきました。

親が言うには、幼い頃からいったん何かに集中すると、周囲の音をスイッチを切るようにすべて消して、長時間没頭していたそうです。それは今も変わりません。

子どもの頃のことでもう一つよく覚えているのは、すごく負けず嫌いで、何についてももっといいやり方はないかと常に考えていたことです。

例えばみんなでドッヂボールをやるとき。ぼくはボール遊びが少し得意だったのである程度楽しめたのですが、自分がうまくできて勝つのが楽しいというよりも、最後の最後までどちらが勝つかわからないくらいの「名勝負」が起きることのほうが、断然おもしろいと思っていました。毎回「名勝負」を体験するためにはどうしたらいいのか。学年の上下にかかわらず、足が遅い子もボール投げが下手な子も、みんなが白熱するようなルールをいつも見つけようとしていた。

子どもって常に新しい遊び、新しいルールを考えていて、日々独自のルールが更新されていましたよね。そういう中で、既存のルールをよりよく、「名勝負」が生まれる方向につくり替えていけば、みんなが楽しく生きていけるはずだという感覚が、刷り込まれていったのだと思います。

そしてそういうとき、ぼくの頭の中では必ず立体的な映像が動いていていました。こうこういうルールでやれば、いつも強いやっちゃんの力が削がれて、あの怖がりの女の子が優位に立てるから、みんなが均等に戦いあえる——と、映像として場面が浮かんでくるのです。その脳内シミュレーションの結果を言葉に置き換えて、みんなの前でプレゼンする。みんなが納得すればそのルールを試してくれます。まあ、たいていは誰もわかってくれず、めんどくさがられて「そのままでいいじゃん」となっていましたけれど。

旅のはじまり

高校は埼玉県にある自由の森学園[★1]に進みました。完全に成り行きです。自由の森学園は、家ではかなり物静かだった兄がどうしても行きたいと親を説得し進学した、開校まもない少し変わった学校で、ぼくも中学時代に兄の住む寮を訪ねたことはありました。でも自分は普通の高校に進学して好きなサッカーを続けよう、将来はあわよくばサッカー選手に、ダメなら大学に進んで学校の先生になれればいいな、とぼんやり思っていました。

ところが高校受験が近づいたある日、父が珍しく一緒に風呂に入ろうと誘ってきて、背中を流しながら「高校はどうするんだ。もし自由の森学園に行きたいのなら、行ってもいいんだぞ」と言うのです。入試のとき東京に行けるのがいいなと思ったし、倍率が厳しいからどうせ受からないだろうと気軽な気持ちで受験したら、合格してしまった。いざ受かると公立高校の受験勉強をする気も起きず、そのまま進学を決めました。

転機になったのは、高校一年の夏休みのことです。寮の先輩には「青春一八きっぷ[★2]」で帰省する人も多かったので、ぼくも西日本出身の寮生たちと各駅停車を乗り継ぎながら帰ろうかなと思っていたら、三年生の兄の友人から、「白神山地に世界最大級のブナの原生林を見に行かないか」と誘われて。当時存続が危ぶまれていた原生林をみんなでキャンプしながらマタギの人と歩くというので、参加することにしました。

ツアー自体はすごくおもしろかったです。でも、始まってすぐ、自分がちょこちょこ忘れ物や寝坊をしてみんなの足を引っ張っていることに気がついて、負担を感じ始めました。みんなはそんなふうに思っていなかったかもしれません。でもぼくの中では「俺がいないほうがいいんじゃないか」という気持ちが大きくなり、お腹が痛くなるほど追い詰められてしまった。滞在の半ばにみんなで山を下りて青森へねぶた祭りを見学に行ったとき「これ以上はいられない、離れよう」と思い至り、「ちょっと俺、これから一人旅をしたいので抜けます」と嘘をつきました。そしたら誰も止めてくれず、「ああ、どうぞ、どうぞ」という感じで、夜の青森の街に置いていかれてしまったのです。

そこからが大変でした。所持金もないしどうしよう、とうろたえましたが、「青春一八きっぷ」のことを思い出し、すぐに駅に買いに走りました。インターネットのない時代です。分厚い時刻表を買って読み方を必死に覚え、青森から日本海沿いに下っていくことにしました。

でも電車に乗ってしばらくして、気づいたんです。あ、俺、これ好きだなって。自分が忘れ物をしようが寝坊をしようが、全部自分の責任です。集団の一員として気を遣う必要はないし、自分のペースで生きていける。これだ、と思いました。ぼくには、自分は気を遣えない人間で、人に気に入られる存在ではないと思い込んでいるところがありました。誰かに迷惑をかけているんじゃないかとずっと怖かった。一人になったことでそういうプレッシャーから解放され、ほっとしたのだと思います。移動中、大好きな本をずっと読んでいられたのもうれしくて、その夏休み中、ずっと電車で旅をしました。

旅という生き方

以来、親から寮で使うようにともらった生活費を大事に節約し、学校が長期の休みに入るたびに一人旅に出るようになりました。「青春一八きっぷ」が使えない期間にヒッチハイクを覚えると、もう止まらなくなって。

中学生の頃、冒険家の植村直己が日本列島を徒歩で踏破したというのを本で読んで以来、いつか自分も世界を徒歩で一周したいと思っていました。どうすればできるのかとか、何年ぐらいかかるのかを図書館で調べたこともあったなあと思い出し、まずは全都道府県を見てやろう、と。かつて絵本で見た、本で読んだあの街は、実際にはどうなっているのか。

頭の中で抱いていたイメージをより立体的にする喜びを感じながらひたすら回り、高校二年の夏には四七都道府県を制覇しました。

新学期が始まると、クラスの友達から「曽我、またどこかに行ってきたんでしょう」と聞かれ、旅であったことを話すと、みんながすごく喜んでくれたのもモチベーションになっていたと思います。実際、旅ではいろんなことがありましたし。

そのうち、もう少し目的を持った旅をしたいと考え、街の博物館や資料館に必ず立ち寄るようになりました。北海道の利尻島でヒッチハイクしていたら博物館員の人に拾われて、泊めてもらう代わりに彼が研究しているカラスの生態調査の手伝いをしたり。二風谷《にぶだに》出身のアイヌ文化研究家の萱野茂さんに会いたくて、親戚の方の家に押しかけ、住み込みで手伝いをしたこともありました。

高校三年になる頃には、一生この生き方をしようと思うようになっていました。我が家にテレビはなかったけれど、映画は娯楽大作からインディペンデント映画まで、よく映画館で見せてもらっていました。普段テレビを見ていないぶん、映画はまるで乾いた地面に水がしみこむように身体中に沁みわたっていって。子どもの頃の映画体験は、とても重要なものでした。とくに心身の奥深くに残っていたのが、正月とお盆に必ず見ていた「男はつらいよ」シリーズ[★3]です。もちろん寅さんは架空の人物だし、あの映画はフィクションです。でも、ぼくにはああいう生き方でもいいんだ、と映ったんですよね。兄貴はきっとちゃんと結婚して子どももできるだろうから、自分は寅さんのようにたまに兄貴の家を訪ねては、甥っ子や姪っ子が喜ばないような頓珍漢なお土産を渡してうっとうしがられながら、ずっとぷらぷら一人で生きていくのだろうな、それでいいんだよな、って。

食卓ではラジオがついているか、両親と一緒にしゃべっているかのどちらかでした。母親は考古学を研究していて、父親も養護学校の先生でしたが考古学や人類学が好きだったので、「この土器はどうだ」とか「人類はどこから来たのか」とか「宇宙はどうなっているのか」とか、食事中によく話していて、ぼくも知らず知らずのうちに影響を受けていたと思います。

高校三年の終わりにオホーツク文化[★4]という文明について本で読んだのがすごく印象に残っていたので、卒業後すぐ北海道に向かいました。発掘のアルバイトを渡り歩きながら旅をしようと考えたのです。オホーツク文化を研究する大学生を紹介してもらい、大学寮に滞在しながら返事を待ちましたが、ようやく届いたのは、発掘には地元の人しか携われないという結果でした。

やりきれなくなったぼくは、そこから一気に南へ向かいました。ヒッチハイクで鹿児島まで南下し、船を乗り継いで沖縄の竹富島にたどり着きました。隣の石垣島の教育委員会に、発掘の仕事があったらやらせてください、と頼み込んだら雇ってくれて、三か月ほど発掘に携わることができました。

四年にわたったその旅の途中に覚えたのが、大道芸と音楽です。

大道芸は、「ベンポスタ子ども共和国」★5にいた日本人の姉妹から教えてもらいました。ベンポスタ子ども共和国は、スペインの神父さんが教育も職もない貧しい青少年たちのための自立支援として始め、のちにサーカス団も編成した共同体です。彼らのことを描いたドキュメンタリー映画を見て感激していたら、ちょうど来日していたサーカス団と知り合う機会を得たのです。教えてもらったジャグリングを旅の最中にやってみたのが、ストリートで大道芸を披露した最初です。ジャグリングはあまりうまくなかったのでほとんどお金にはなりませんでしたが、こんな感じで路上でお金を稼げるようになれば、永遠に旅を続けられるんだな、と気づくきっかけになりました。

いつからか持ち歩いていたハーモニカ（ブルースハープ）で路上演奏をするようになったのは、旅を始めて二年目、二〇歳のときです。練習し始めたらわりとうまく吹けて、あっという間にのめりこみました。自分にぴったり合っていたせいでしょう、はじめからお客さんの反響が大きく、ハーモニカを入り口にいろんなものが見え始めていきました。

その後二年間は、お金がなくなると路上でハーモニカを吹いては全生活費を稼ぐようになりました。移動し、ハーモニカを吹いて、本を読んで、寝る、という日々でした。

「現代サーカス」と出あう

現代サーカスについての本『サーカス——そこに生きる人々』（森田裕子著、文遊社）に出あったのは、旅の途中のことだったと思います。知らなかった現代サーカスの存在と、携わる人々の物語に惹きつけられました。

フランスでは戦後、都市の開発によって広場が失われたこと、テレビなど他のエンターテイメントができたこと、動物愛護運動の高まりなどからサーカスが廃れていきました。そんな中、若者たちの間でサーカス復興運動が起きてきた。サーカス出身ではない美術家や音楽家が、「自分たちのサーカス」をやり始めたのです。中には観客と喧嘩をしたり、豚の臓物を投げつけたりといった極端なものまで生まれ、とにかくいろんな実験が始まりました。

そのうちにサーカス出身者たちがサーカス学校をつくる運動も興り、伝統的なサーカスの枠を超えた動きが出てきます。アクロバットをやるのは同じですが、演出家自身が人を集めて演出をつけ、その演目が終わったら解散するという、従来の巡業型の家族経営サーカス団とは違うものになっていった。最も成功したのは、「シルク・ドゥ・ソレイユ★6」です。彼らも、もともとは大道芸人集団です。そのほか、サーカスとは関係のない分野のクリエイターに「ぼくたちはこんな芸を持ったグループなんですが、あなたが好きなように物語をつくってください」と言って演出してもらうかたちで人気を得たサーカスグループもありました。

本に出てくる人たちは、全部「ぴったしだ」と思いました。誰もが縛られている国境や国籍を軽やかに飛び越えて、食べるものはもちろん、家さえもその場でつくってはたくましく暮らしている。国家にも国籍にも民族にも、何にももたれかかっていない、すごく独立した存在に、ぼくには見えました。もちろん、けがや病気をすると一気にどん底に落ちます。でもそれさえも潔いと感じました。

何年か路上生活を続ける中で、ぼくはある種の後ろめたさをずっと感じていました。結局、人の力を頼って移動し、どこか媚びながら生活しているに過ぎないじゃないか、と。ヒッチハイクのときは乗せてくれた人への感謝の気持ちもあるし、怪しまれたくないので、なるべくニコニコ感じよく自分の経歴を語ることになります。「どこから来たの」「何が目標なの」「親はなんて言っているの」という質問に一日一〇回、二〇回と答えているうちに細部の省略やデフォルメが起きてきて、自分でも何が嘘で何が本当なのかわからなくなっていました。自分の人生を何度も語るのは危ない、だからもうヒッチハイクはやめて、移動は歩きだけにしよう。路上では表現力で勝負する気持ちで、無言で芸をやって食べていきたい。怪我をするかもしれないし、病気になるかもしれないけれど、それも自分の責任だ。死んでいくときは死んでいくんだろう――そんな当時の心境に、あの本に描かれていた人々の生き方はぴったりきたのだと思います。

写真ページには彼らのやる現代サーカスの様子も載っていて、従来の見世物を超えた、アートとしての美しさに心を動かされました。ジャグリングひとつとっても、ボールの数を増やして難度を高めていくのではなく、一つひとつのボールが描く軌跡の美しさ自体を見てもらうこともできる。自分が感じていたおもしろいもの、美しいものをよくわからないままに全部バランスよく詰め込む表現形態があるのだ、という発見があったのです。誰にも寄りかからず自由に生きながら、表現自体の美しさをも追及する――ぼくもこうでありたい、と強く思いました。

考古学への興味からスタートした旅でしたが、その中で音楽を覚え、さらに現代サーカスに出あった。この頃から、輪郭のまだはっきりしていない、頭の中にあるぼんやりとした表現をそのまま人に見せられたらいいなと思い始めていたのかもしれません。

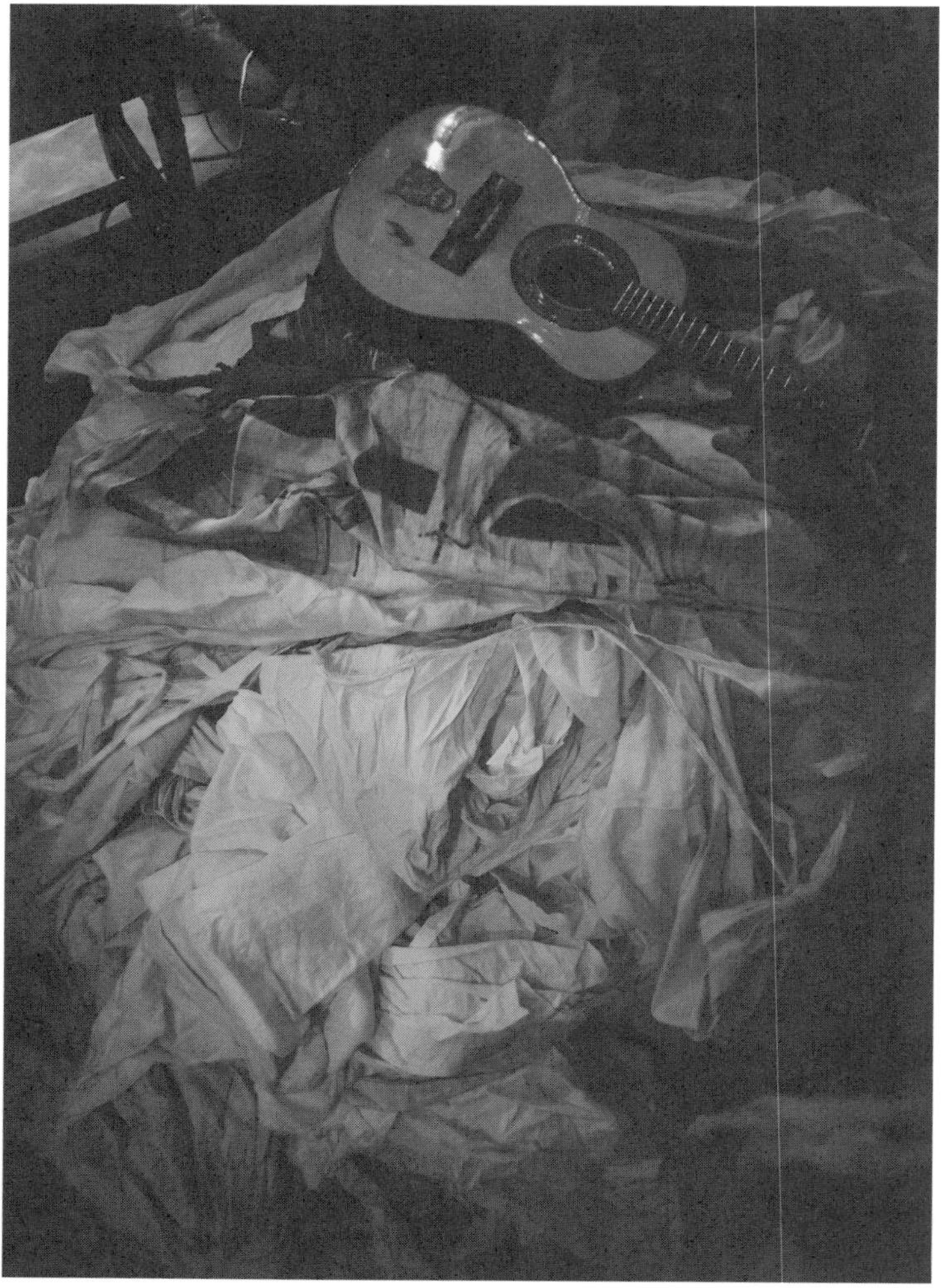

曽我大穂

オーロラを降ろす「一音」

ハーモニカは毎日吹くくらい熱中し、毎回何かしらの挑戦をしていました。はじめは普通に曲を吹くのですが、そのうちに曲の合間にアドリブを入れて、お客さんが足を止めたら、誰もが知っている「聖者の行進」やマディ・ウォーターズなどブルースの曲をアレンジして吹いてみる。それに飽きたら、「今日は『ソ』の音だけ使ってどこまで行けるか試してみよう」という遊びをやり始めて。ソーソー、ソソソー、ソッソッソッ、うーん、ソソッ、うーんソソッ、とグルーヴが出るような演奏をしながら、お客さんを待つのです。

そのうちに、その街にぴったりハマる音量・音色・長さの一音が出せると、お客さんは感じ取ってくれるようだということがわかってきました。路上ってすごくうるさいんですよ。車の音や雑踏がざわめく中で強く吹いても、ほとんどの人には聞こえない。それに、みんな何かの目的に向かって歩いているから忙しい。待ち合わせに多少遅れても聞いてみようと思わせるのは至難の業です。でも、その街にぴったり合ったポーンと抜ける音を吹くと、遠くにいた人までもがハッと振り返る瞬間がある。そこにさらに色や気持ちや情景を載せていくと、惹かれて寄ってきてくれる人が間違いなく出てくるというのを、何度も経験しました。

それに気づいてからは、その街にぴったりなじみながらも、人の耳をつかむような一音を探すようになりました。あるとき、集中のあまり目をつぶって無心である音を吹いていたら、空のかなたからオーロラのようなものがぶわーっと降りてきたんです。なんともいえない気持ちのよい色をした豊かな塊のようなものが、はじめ空の端っこに見えたと思ったらどんどん降りてきて、自分の頭上、ずいぶん近くまで来たという感じがしてきた。もう少しで包まれそうだな、ここかな、こんな感じの音かな、いや違う、とハーモニカと身体が一体になるくらいに格闘していたら、次の瞬間、ブワッとざわめきが聞こえて。はっと目を開けると、たくさんの人が周りに集まっていました。すぐに切り替えてみんなが知っている曲を演奏し、お金をもらうことができましたが、同時に、多くの人が立ち止まってくれるのは、実は曲をやっているときではなく、あのオーロラを降ろせる一音を実験しながら探しているときなのだ、と実感しました。

どうにか「そこ」に届きたいと背伸びして、本当に誠実に正直に、一心不乱にそちらに向かっているとき、人はちゃんと気づいてくれるし、こっちを向いてくれる。そのことをあのとき学んだのだと思います。

仕立て屋のサーカスのホームページ[★7]にぼくたちが掲げた文章を読み直すと、あの頃のことを思い出します。作為的じゃない行為のほうが、人は興味を引かれて見入るのだという確信は、あのときの体験がもとになっている気がします。

まあ、あの頃は切羽詰まってもいたのですが。本当にお金がなかった。ある日の手持ちはわずか五五円。吹雪の秋田駅前でハーモニカを吹き、そろそろお金が入ったかなと目を開けたら、置いた缶には雪が積もっていて、底に一〇円玉が一枚だけ見えた、とか。でもどんなにお腹が空いても、そういう自分なりの楽しみはずっと追求していました。

二三歳のヨーロッパ

旅を終えたのは、二二歳のときです。このまま路上で一生暮らしていくこともできそうだけど、人生で一度くらいは、短期間でいいから光熱費を払う生活をしてみたいとも思うようになっていました。そんなとき、大学を卒業した恋人が沖縄に移住するというので、一緒に定住生活を始めることにしました。

沖縄では、バイトをしながらではありましたが、音楽の仕事をたくさんもらえるようになりました。それで貯めたお金を持って、翌年の夏から二か月間、ヨーロッパ旅行に出たのです。

イタリアからスペイン、最後にフランスを旅しました。現代サーカスを見に行くと決めていたのかどうか記憶が曖昧なのですが、旅をするときは何かを研究していますとか探していますと行く先々で言ったほうが、人から人へとつながって濃い経験ができるというのはわかっていたので、「現代サーカスのような舞台を見たいから教えてほしい」と機会があるごとに聞いていたのは確かです。

イタリアでは世界中のダンサーが集まるワークショップの大道具係の手伝いをしながら共同生活をし、スペインではジャグリングを教えてくれた姉妹を訪ねたりもしました。行く先々の路上でハーモニカを吹いていたのですが、マドリッドでは大変なことになりました。

日曜日の昼間、人通りの多い目抜き通りで、ここなら稼げそうだと思ってハーモニカを吹き始めたら、五分ほどで警察が三、四人やってきて、いきなり「逮捕！」となって。どうやらやってはいけない道だったようでした。★8 警官が楽器や荷物を強引にまとめあげようとするから「やめてください！」と言ったら警棒であちこち叩かれて連行され、警察署で取り調べを受けることになってしまいました。楽器は全部没収、書類にサインせよと言うので内容を聞いたら、「二度とこの国では路上で楽器を演奏しないという誓約書だ。楽器は出国の際に返す」ということだったので、それならいいやということでサインをして。

スペインを出るとき、その書類を持ってマドリッドの警察に行き「楽器を返してくれる約束なのですが」と言うと、警官は「そんな楽器はない」と言います。「いやいや、だって書いてあるでしょう」と押し問答をしていたら、それを見ていた女子大生が事情を知るなり猛烈に怒りだして、スペイン語で警官をまくし立てはじめたんです。周りにいた街の人たちも抗議に加わってくれて、おかげで最終的に日本大使館にまで連絡がいくことになりました。

帰国後大使館から電話があり、楽器はぼくを捕まえた警察官が盗んでいたことがわかりました。「訴えれば返してもらえるかもしれないけれど、時間がかかるし大事になりますがどうしますか」というのであきらめたのですが、あのとき街のみんなが闘ってくれたのがすごくおもしろかったんですよね。ぼくが「もういいよ、ハーモニカだし」と言ったら、「いや、これは文化と自由の問題なんだ。もはやあなたのハーモニカが返ってくるかどうかの問題じゃない」って。

すべてを包み込む「現代サーカス」

その後フランスに入り、パリでは現代サーカスの公演情報を集めては、見に行きました。

フランスで見たのは、例えば完璧に演劇として見られるけれど、ジャグリングをしているときだけ言葉を話すとか、俳優たちがちょっと変な芸をし続けているというものなど。南仏のアヴィニョン演劇祭[★9]ではたくさんの大道芸や舞台芸術を見ました。とくに騎馬スペクタクル「ジンガロ[★10]」の公演には驚かされました。同じ「サーカス」と言えど、演劇的なものもあれば、音楽やダンスをやるものもあった。どれも総合芸術で、すごくおもしろかったです。

その中で最も興味を惹かれたのは、パリで見た不思議なサーカスです。新聞で見つけた小さな記事を頼りに向かうと、大きな工場跡の瓦礫だらけになった土地にぽつんとテントが見えた。「ああ、あっちだ」と思って瓦礫の中を歩いていくと、途中に会議机があり、黒いスーツを着た身長二メートルぐらいの黒人と白人が座っている。無視して行こうとしたら、「ここが受付だ」と止められて。「これを見に来たんです」と言うと、時計をちっと見て、「お前たち一〇分遅刻したから、タダだ」と言われて。「えっ、払います！」「いや、これはボスが決めたルールだ」。遅刻したらタダってどういうことなんだろうと思いながらテントに入ると、たしかにもう始まっていたのですが、それが奇妙な光景で。

会場の四隅に奇妙な巨大機械が設置され、その下に子どもたちがたくさん集まっていました。テントの中央の砂の円形ステージで始まっていた演目よりそっちが気になって近寄ると、大きな歯車がガチャガチャ動いてピタゴラスイッチ的な仕組みの先から、水滴のようにポトン、ポトンと水飴が落ち、口を開けた子どもたちがそれを受けていた。

それ、音がガチャガチャとすごくうるさいのに、会場の中央ではアインシュタイン然とした教授風の男が黒板を前に講義を始めています。フランス語だったので、話の内容はよくわかりませんでした。講義が終わると男は、自分がつくったというロボットの乗った馬を連れてきました。そのロボットが馬に複雑なギャロップを踏ませるのですが、これがまた途中でよく壊れるのです。そのたびに教授は黙々と修理をして。

それが終わると、今度はチェロ奏者が出てきました。ステージの真ん中に木の椅子を置き、淡々と弾き始めたチェロの独奏がものすごくよくて、「うわーきれいなシーンだなー」と感心していたら、頭上に張られた綱の上を、見るからに綱渡り経験が浅そうな男が慎重に渡りはじめている。それがまた下手くそで。めちゃくちゃびびりながら、ふらふら渡っていく。落ちたら絶対にチェロに当たるから、男がふらっとするたびにチェロ奏者がびくっとする。それを観客が固唾をのんで見守るという。最終的にすっごく不細工な形で向こうまで行ききったら、微妙な拍手が起こって。

そういうのが一〇演目ぐらいずっと続くのです。で、いろいろ起きている変なことに見向きもせず演奏される楽団の音楽がすごくかっこいい。ジョン・ルーリーの「ラウンジ・

リザーズ（The Lounge Lizards）」によく似たフェイクジャズのようなバンドがスーツ姿で演奏しているのに、相変わらず水飴機械はガッチャンガッチャンじゃないですか。あちこちで同時多発的にいろんなことが起きている。

さらに、会場の最上部には見張り台があり、ボンテージファッションに身を包んだ女の人が何もせずにらみつけている。終了後、すごくよかったから団員の人と話したいと思ってテントの中でうろうろしていたら、「飯つくったから食べようぜ」と呼びかけられて、宴会に加わることになりました。「最高だったから、これを考えたボスを教えてくれ」と言ったら、なんとボンテージの人がボスだったのです。ぼくが観ていたものは、彫刻家だという彼女の頭の中にあったイメージの再現だった。緊張感や不思議さ、おかしみなどあらゆる感情が詰まった、整頓されていない多層的な舞台。あれは本当にいい体験でした。

そういうものをたくさん見て、現代サーカスというのは、ダンスも音楽もファッションも美術も、すべてを巻き込んでいく総合芸術なんだな、という納得が深まっていきました。当時のメモ帳には、音楽とは関係のない、不思議な舞台のアイデアがぎっしり書き込まれていたから、いつか自分もそういう表現をするグループをやりたいとぼんやり思っていたのでしょうね。

絵コンテから音楽ライブをつくる

ヨーロッパで得た確信は、沖縄に戻り、ガンジーさんを誘って始めたバンド「CINEMA dub MONKS（シネマ・ダブ・モンクス）」[★11]に少しずつ反映されていったと思います。具体的なきっかけは、ある写真展のクロージングで、出展者の写真作品スライドを映写している前で演奏することになったときの気づきでした。

ぼくはずっと映画に憧れていました。場内が暗くなる瞬間から美しく、予告編を観ているだけでも幸せになれる。物語も音楽も衣装も風景もあり、時間も自在に飛び越えることができる。すべてが詰まったすばらしい総合芸術だなとずっとうらやましかった。でもその写真展で、映写されるポジフィルムを全身に浴びて演奏しながらスクリーンに映り込む自分たちの影を見ていたとき、気づいたのです。映像を用意して持ち込めば、自分たちで会場全体の光を支配できるのではないかと。スライド投影を使った音楽ライブを試行錯誤していけば、音楽でも映画のような表現に近づくことができるかもしれない。これは自分にとって、大きな発見でした。

それ以来、CINEMA dub MONKSのライブでは、スライドプロジェクターを使ったパフォーマンスをするようになりました。映すのは、通常の写真ではありません。線状の引っ掻き傷をつけ、抽象絵画のようになったポジフィルムを使うのです。当時、プロジェクターを使って空間演出をするVJ（ヴィジュアル・ジョッキー／ビデオ・ジョッキー）を音楽ライブに入れる動きがかなり一般的になってきていました。でも、VJのように情報量の多い動画を使うより、一枚一枚の間に説明のつかない余韻が漂うスライド投影のほうに、ぼくは可能性を感じました。スライドの枚数を最小限にし、情報を絞り込んでいくと、観客の中に自由な解釈が無限に生まれてくる気がしたのです。ライブ中も、ただ映すだけではありません。メンバーに「この曲のこの瞬間は困ったような、躊躇したような表情や動きをしてほしい」とか「この場面では、映像からあなたの楽器に一本の線が映り込むから、その線をゆっくり辿りながら演奏してほしい」などと指示をして、演奏に演劇的な要素や音と関係のないダンスのような動きを組み込んでみるなど、いろんなことを試しました。

当時ぼくがメンバーに渡していたのは譜面ではなく、絵コンテのようなものでした。左側には投影するスライドのビジュアル＋映りこむメンバーの影、右側にはメンバーそれぞれの楽器が奏でるメロディと入り方のイメージを描いていました。

絵コンテを描くとき、ぼくには作法がありました。まずカーテンを閉め切って部屋を真っ暗にし、座布団を敷いて、机にお茶を置き、紙を置き、あたりの音がどこかに消え、静けさに包まれるのを待ちます。そこから脳内にイメージを一気に立ち上がらせていくのです。誰がどこからどんなふうにステージに入るのか。左から入るのか、右から入るのか。少し遅れてくるのか。堂々と入るのか、おどおど入場するのか。最初から最後まですべてを順番に組み立てながら暗闇でメモを走らせる。その中で浮かぶメロディも書き留めます。子どもの頃、音声や脚本をたよりに脳内で映像を立ち上げていたのと同じことです。ひとつのステージの絵コンテは、いつも一気に描けました。

こうして音楽ライブではあるけれども、いろんな要素が多層的に詰まっていて、お客さんにはどう感じてもらってもいい。そういう試みを少しずつ始めていきました。

日本に近い東京と世界に近い沖縄

CINEMA dub MONKSはしかし、沖縄ではそこまで受けませんでした。「好きだったよ」と言ってくれる人はたくさんいます。でもやっぱり実感としてお客さんは少なかったし、難しいとかアートっぽいとか、沖縄っぽくないと言われることが多かった。ぼくは国や地域を意識して何かをつくったことはありませんが、人が何かをつくるときには、住む街のテンポや気候、風土、景色、社会形態から大きな影響を受けるものだと思っていました。だからCINEMA dub MONKSは紛れもなく沖縄の音楽だと思っていたのです。沖縄での生活から浮かんだアイデアも多く、自分ではかなりポップなことをしているつもりだったので、こうした反応はとても悔しかった。

そもそもぼくは沖縄にいなければ、音楽をここまでやっていなかったと思います。沖縄は芸能にあふれた街でした。観光ホテルのラウンジにディスコ、沖縄民謡酒場、クラブ、ライブハウス、野外のお祭りやパーティー、米軍基地内の仕事……演《や》れる場所がめちゃくちゃ多いし、お客さんもいる。ミュージシャンもたくさんいますが、当時はまだ外から来るミュージシャンが少なかったこともあり、需要に追いついていなかった。かつて乗ったタクシーの運転手さんから、「ぼくね、昔コントラバスを弾いていたんだよ。あの頃は男の仕事といえば××と△△と音楽しかなかった。譜面が読めなくても楽器を持っていけば仕事がいっぱいあった」と聞いたこともあります。沖縄に来た当時何をするか定まっていなかったぼくが、あっという間に音楽方面に巻き込まれていったのも、そういう土地の下地が影響していたのでしょう。

CINEMA dub MONKS で試みた自分の妄想が間違ってはいなかったと確信できたのは、二〇〇二年、スペイン・バルセロナでライブをやったときです。沖縄で鳴かず飛ばずだったライブ表現を一週間後にバルセロナでやったら、爆発的に受けたのです。「来てくれて

ありがとう」と言われるほど熱狂的に受け入れられました。[★12]

「バルセロナを拠点に、バンドとしてトータル一〇か月弱ヨーロッパに滞在したのですが、ライブにはパンクな若者にジャズフリークおじさん、学生に老夫婦と、ありとあらゆる層の人が見に来てくれていました。のちに、「CINEMA dub MONKSのライブにはいつも、さまざまなルーツを持つ人が入り混じっていて、バルセロナがここ最近で最も文化的に花開いた二〇〇〇年代初頭の象徴だったよ」と言ってくれた人もいました。ドイツのベルリンでのライブ終了後には、ＣＤにサインを求める長い列ができました。子どもと一緒に見に来ていた女性から、「なぜ私の人生を知っているの。今日のライブには、ポーランドからベルリンに流れ着いた私の人生の物語のすべてが詰まっていた。ありがとう」と言われたりもしました。沖縄の片隅で試行錯誤していたことが、人種も国境も超え、すべての人とつながる地下水脈にまで届いた気がして、本当にうれしかった。音楽ライブとは違う、「何か」をつくれているという実感がありました。

音楽と投影する映像は、イメージをできるだけ遠ざけ、その距離をあえて保つことが重要だと思っていました。両者がギリギリの程よい関係にあるとき、観客は理解しようと無意識にその間を自らの記憶で埋め始め、自身の中で二つがつながる瞬間が来るのです。その瞬間、その人だけの物語が生まれ、ゆっくりと物語が動き出します。一見無関係に思える二つの間を想像によって埋めていく——人は本来そういうふうにものを見ることができるはずだし、子どもの頃はよく楽しんでいたはずなのです。ヨーロッパの人にはこれが非常にうまく働いたのだと思います。日本人の多くはそれをアート的だとか小難しいと言って、自分の中であまりつなげようとしていませんが。

でもそれは仕方のないことかもしれません。バルセロナやベルリンには、本当にいろんなルーツの人たちが生活していましたから。恋人や家族の国籍がバラバラだったり、アパートの一階に中東系やアジア系、アフリカ系の小さなスーパーが入っていたりは当たり前でした。多様なバックボーンにかき混ぜられ、いろんなスパイスの匂いに囲まれて生きているから、世の中は基本的にはわかりにくいことだらけだという感覚が染みついているのです。

バルセロナでの音楽活動を通して、自分が観客や街に育てられているという感覚を、沖縄にいるときよりもはっきり持つようになりました。ライブでは毎回、観客から「もっと、もっと」と求められているように感じ、それに反応していくうちに、思いがけないほど遠くまで行けることがよくあった。音楽というのは街の影響を受けつつも、おおよそは自分の中から出てくるものだと思っていましたが、実際には、「街」そのものが自分の身体を通過して滲み出てきているのではないか——そう思うようになりました。

自分が自信を持って出した音楽や表現のかたちが、必ずしも自分の住む街や生まれ育った国で受け入れられるとは限らないけれど、世界のどこかにそれをとても喜んでくれる街、地域が必ずあることも、実感しました。だから自分が納得できるものができて確信をもって発表したときに、周りの人がおもしろくないとかわからないと言っても、あきらめる必要はない。ハマる地域が見つかるまで世界のどこまでも見せに行けばいいのです。自分が知らなかった国の人たちが「おまえ、すごいのつくったなあ！」と評価してくれることがあるし、その街になくてはならないものだというほど歓迎してくれることがある。さらには育ててもくれる。沖縄に帰ってからは、若い作家や友達にそう伝えるようになりました。

ぼくが沖縄にいた一九九六年から二〇〇七年頃は、雑誌やテレビなどのメディアはほとんどが東京発信で、南の島の太陽の下で見る雑誌やテレビ番組は、違和感でしかありませんでした。でもバルセロナやベルリンは違った。すごく沖縄に近いと感じました。ゆったりした時間感覚とか、細かい規則よりも感覚で街がうまく機能している感じとか。沖縄こそ世界の他の国々の感覚にずっと近い、東京が突出して世界とずれているだけじゃないか、と思いました。

そこで帰国後、那覇市の「前島アートセンター」★13の協力を得て、CINEMA dub MONKS

のヨーロッパ公演の様子を記録したドキュメンタリー映画「うみべの街のはなし」をつくりました。沖縄こそ日本の中で最も世界の街の感覚に近いと思う。だから、もし外に出て何かを試したいと思ったら、東京や大阪を経由せずに沖縄から直接世界中の街に向かってみれば、きっとうまくいくし、この環境を切り拓く可能性が高まるのだ、という提案をしたつもりでした。

「東京」で「音楽」をやっていた

沖縄に戻ってきてすぐ、高校の一年後輩だった永積崇★14と偶然再会し、彼のソロユニット「ハナレグミ」のサポートを頼まれるようになりました。そこからですね、舞台表現の中でも一気に音楽のほうに重心が傾いていったのは。ハナレグミのライブの多くに参加することになったり、CINEMA dub MONKSがヨーロッパで評判だったという噂が伝わったこともあって、録音やサポートなど東京での音楽の仕事が増え、CINEMA dub MONKSも全国で呼ばれるようになり、音楽が生業になっていきました。

そんな状況が七、八年続いた頃でした、東日本大震災が起きたのは。あのとき音楽業界はいっせいにストップしました。音楽にかかわっていた人は、誰もが自分の仕事や人生を考え直す時間を持ったと思います。ぼくもそうでした。

震災から数か月後のある日、自分が四五歳になる日に死ぬという夢を見たのです。目が覚めたとき、あまりにはっきりしたイメージだったので、体が震えました。その日は不安でじっとできず、外を歩き回っていました。日が暮れる頃、もし本当にその歳で死ぬとしたら、死ぬ当日をどんなふうに迎えたいだろう、それまでにどんな日々を送っていたら後悔がないだろうかと考え始め、それまでの自分を振り返りました。こんなふうに音楽中心の生活が、自分のやりたいことだったのか。もともと音楽だけの表現をやるつもりじゃなかったのに、音楽だけになっていた。もう一度考え直したい、と強く思いました。

当時住んでいた浅草の部屋近くのファミレスで、四五歳で死ぬ日をゴールとして逆算し、この日までにこれをやる、こういう準備をしていく、と未来から現在への道を書き出したのを覚えています。あのとき、それまでのどこか刹那的だった生き方が終わりを迎える音がしました。

「仕立て屋のサーカス」の誕生

二〇一二年の秋、南青山のレストランＣＡＹ[★15]でシンガーソングライターの二階堂和美[★16]さんとCINEMA dub MONKSの二日間公演をやった後、CAYのスタッフから「大穂くんが思う使い方をしていいので、何日かイベントやってくれないか」と声をかけられたのが転機でした。

翌二〇一三年三月、「CINEMA dub MONKSの音とCAYの料理による大サーカス展」というタイトルで二日間のライブ公演を開始しました。店の真ん中にステージを設置し、いろんなアイデアをすべて盛り込みました。原宿のオルタナティブスペースVACANT★17のパフォーマンスで一緒にやったことのあったファッションデザイナーのスズキタカユキくん、音楽仲間の辻村豪文くん（キセル）、そしてヒューマンビートボックスのAFRAをゲストに招いたこの公演がなかなか好評で、この年は立て続けに数日間の「大サーカス展」公演をやらせてもらいました。さまざまな音楽仲間や映像作家、ダンサー★18をゲストに招いたり、入場料さえ出せば、CAYの多国籍料理をずっと振る舞い続けたり。二〇一三年の最終公演は、スズキタカユキくんと彼のブランドの春夏ファッションショーとの合同開催として、多種多様なダンサー約二〇人を交えた公演になりました。

それまでそんなふうに好きに実験させてくれる協力的な会場に出あったことはなかったから、本当に楽しかったです。気がつけば音楽の枠組みから外れずになんとかやろうとしていたけれど、一つの舞台作品としてやれるとなった瞬間、いろんな要素を自由に入れることができたのだと思います。

ぼくが旅をし続けたのは、本や映画で想像していたいろいろなものの実際を確かめたかったというのが大きかったと思います。頭の中にため込んだ知識や情景と現実とのズレを、旅に出たり人に会ったりすることで修正していた。東京にいた時期は、音楽業界で感じた不満や違和感を解消するアイデアだけがたまって、身体中がパンパンになっていました。子どもの頃ドッヂボールのルールを考えていたように、このアイデアは表現者にとってもお客さんにとってもお店にとっても街にとっても、ウィンウィンになるはずだ。たとえ成功には至らなかったとしても、半歩でもいまよりは前に進めるのではないか。そう思っていたのに、生活の不安もあってなかなか試そうとしていない自分がいた。

それが震災や自分の年齢など、いろんなことが重なって、やっぱり試さなくちゃ、と思ったところにＣＡＹからの話があった。あれは本当に転機だったと思います。

身体にたまったさまざまなアイデアを盛り込んで開催した「大サーカス展」は、大成功でした。連日多くのお客さんが詰めかけてくれたばかりか、反応を確かめたくて配ったアンケートには熱い反応や思いがけない言葉がたくさん書き込まれていて、その熱意に驚きました。

「どんなに賑やかでも、最後には一人ぼっちみたいなひどく孤独な音が鳴って、だから瞬間的に泣き出してしまいたくなる。まるで人生そのものみたいな、そんな音がした」

「沸き上がる衝動で表現していく人たち、どえらいかっこよかった！」

「こんなにも驚異的な演奏を聴かせてくれたのは……初めてかな。奇跡のような時間に立ち会えたことに感謝します。『物をつくる』ことの尊さと楽しさ」

「実験的な光景を目の当たりにしました。とても言葉じゃ説明できない……。一生のうち一度でもいいから皆に体験してほしい」

「何かもう、場所が違えば観客が座っていられず、踊り狂って暴徒化してしまうんじゃないかってくらい、ぼくも高揚してウズウズした」

「いわゆる『仲良し会』ではなかったからおもしろかったのだな。出演者も会場も、その先を見据えていた。イベントだとかフェスごっこを軽く蹴散らす探究心と創造性。独立した個性が集まる祝祭空間だった」

「闇を照らす光。布は衣へ。静寂や情緒や衝動や匂いや風……とにかくあらゆるものがつまった音。それらが皮膚をすりぬけ血液にまじり細胞へと吸収される」

「そこにある音、ミシンの音、調理の音、グラスの音やらが生きて聴こえたよ。もっと聴いていたかったな」

「ミシンの音、手で布を裂きミストを振る、裁ち鋏の金属音、そのすべてが音楽の一部となり、できあがった作品を次々と演奏者たちに着せ、舞台が仕上がっていく。ぞくぞくするほど美しかった！」

「その場にいるわたしたちは、知らない国の街角で彼らを見ている感覚になる。車も人も行き交い、波の音や鳥のさえずりまで聞こえてくる。遠くまで行けた。ありがとう」

やっぱりこの方向は間違っていない、と自信を持てたことでさらに細部を詰めることができ、回を重ねるほどに熱狂は膨れ上がっていきました。いつも音楽というジャンルの中で表現しようとしていた自分にどこか違和感があったけれど、これでようやく足を抜くことができる、自分の本当にやりたかったことを始めることができる、という手ごたえを強く感じました。

思えば、ラジオで音声だけ聞きながら、脳内で人物像から衣装、風景を一つずつ組み立てて想像していた子どもの頃からどこかで思っていました。既存の決めつけをせずに、自分の中にある小さなイメージや引っかかりを全部集め、一つひとつ根気よく丁寧に積み重ねていくと、まだどこにも存在しない、それを表す言葉さえもない、独特で不思議な形だけどポップでおもしろい「何か」をつくれるはずなんだ、と。それがCAYで初めてしっかり試せた気がしたのです。

静寂な舞台環境で研ぎ澄ました、磨きに磨いた何かを出すというのではなく、ぼくの育った団地がそうだったように、多様な人々がいろんな思いを抱きながら生活し、ごちゃごちゃ予測不能な動きをしてさまざまな音を出しているところに、ぽつんと一つの音を置いてみる――それがぼくのやりたかったことなのかもしれません。観客一人ひとりが好きなところを見つけて、自らの記憶と混ぜ合わせてシャッフルし、自分の物語を見つける。そんな舞台をつくろうとしているのだと思います。

そうして音楽家や映像作家、ダンサーなど、さまざまな分野のゲスト出演者を迎えた実験を、CAYやVACANTで一年くらい断続的に繰り返すうちに、たくさんのゲスト出演者の中でも、この試みをとくにおもしろがって能動的にかかわってくれていたスズキタカユキくんや渡辺敬之くんと一緒にみっちりやっていけば、それまで抱いていたいろんな疑問を解消できる、新しい舞台芸術がつくれるのではないか、と感じるようになりました。

スズキタカユキが制約された時間と空間の中でハサミを持って一心不乱に動き回る姿やその動き、ガンジーが顔をしかめながら演奏している姿は、本職のダンサーよりも美しいダンスに見えました。渡辺敬之の照明がつくり出す光、影、闇は一瞬一瞬がインスタレーションのようでした。お客さんとお客さんが布越しに興味ありげに見つめあっている光景、流れゆく時間の中で必死にコミュニケーションをとろうとする出演者たち……全部ひっくるめておもしろいと思った。音楽ライブであり、ダンスであり、演劇であり、サーカスであるような、舞台芸術そのものの新しい可能性を追求できると思ったし、グループの仕組み、お客さんとの関係までも含めた、すべてを試す場になりうると確信したのです。

　メンバーには、ガンジーとスズキくんと渡辺くん、あとはそのときも手伝ってくれたVACANTの大神崇くんに制作をやってもらおう、と。そこで恵比寿のイタリアンレストラン「カチャトラ」[★19]にみんなを呼んで、「というわけで、『CINEMA dub MONKSの大サーカス展』の名前で皆さんをゲスト出演者としてお招きしてきましたが、これからはフラットな関係としてやっていきたい」と言ったら、みんなが賛同してくれて。ぼくとしては、それが仕立て屋のサーカス結成の瞬間だと思っています。

la Madroñera
Un espacio para pensar (y hacer) en torno a la infancia en el espacio público y las instituciones culturales
CIRCO DE SASTRE
MADRID

曽我大穂

大きな目標と三つのルール

あの日ぼくはみんなの前で、三つの宣言をしました。

ひとつは、「一〇〇年、一〇〇〇年と続くくらい強度のある、新しい舞台芸術のジャンルが生まれる入り口に立ってみたい」ということです。

音楽をやっていて気づいたのです。音楽にはこれまでの人たちがつくりあげてきたすばらしいフォーマットがたくさんあります。ジャズのビバップにしろ、レゲエにしろ、パンクにしろ、やっている本人たちではなく周りが「なんかやたらとおもしろいんだけど、何て呼んだらいいのかわからん」と言ううちに、次第に名前がついていったものです。ぼくらは、そうした先人たちのアイデアが長い間積み重なってできた強度のあるフォーマットに、ただ乗りをしているだけなのではないか。先人から受け取ったものを少しでも前に進めた上で後の人に手渡すのではなく、それらにたまにちょっとしたアレンジを加えたりしているだけなのではないか、と。

舞台芸術表現の流れを一本の木にたとえると、ごちゃごちゃしたいろんなものが内包された大きな幹から太い枝があちこちにいくつも伸びている。ぼくらはそれらの枝から何度も枝分かれを繰り返し、細くなった先の先のところでちまちまやっていて、たまにコラボレーションとか言って隣の細い枝と無理やり結び合わせたりしている。でも、もっともっと下、よくわからない名前さえつかない多くのものが内包された「こぶ」のような太い枝の元をつくるところから始めようとしてみたら、まったく見たことのないものが出てくるのではないか。途中にあるオペラやジャズといった既存の枝から別の枝を伸ばそうとするのではなく、いろんな表現や形に発展する可能性を内包した太い枝の元になる「こぶ」自体をつくりだすチャレンジをしていきたい、と思ったのです。

もちろん、そんな「こぶ」が本当につくれるかどうかはわかりません。でもせめてその入り口に立ってみたい、初日にたどり着きたいという姿勢でこのグループはチャレンジしていこう――そんなふうに宣言したと思います。

だから、あらゆることをなるべく決めつけないことにしようと。お客さんからお金をとる／とらないとか、スタッフだとか演者だとか。決めるとすっきりするけれど、それをするのをやめよう、と。今後ぼくは裏方に回るかもしれないし、グループ自体が気づいたらダンスや落語をやる集団になっている時期があるかもしれない。自分はこの担当、と決めつけないこと。音楽家だから音楽しかしませんとか、照明は照明しかしない、デザイナーだから布しか扱わないというのではなく、あくまでもいまやることはとっかかりに過ぎないんだ、と。もちろん表現の強度の問題はあります。でも、強度が弱まるから別のことはしないとなってしまうと、永遠に育てることはできません。

彼らと一緒にやれば、それはできると思っていました。そもそも創設メンバーは全員、専門家について学んだことがない人たちです。スズキくんは東京造形大学のグラフィックデザイン学科出身で洋裁は独学だし、渡辺くんも、もとは普通の会社員、VACANT立ち上げ後しばらくは会場のブッキングが仕事でした。ガンジーさんはジャズ出身のコントラバス奏者ですが、音楽は独学だそうです。ぼくももともと音楽をやっていたわけではありません。旅の途中でたまたまハーモニカを覚えてお金をもらえるようになり、いつの間にか音楽のほうに寄っていった感じです。自分に音楽ができるなんて、全く思っていませんでした。CAYの「大サーカス展」での限られた時間内でのやりとりを通して、このメンバーならおもしろいところに届く気がしたのです。

二つ目に運営方法として、「なるべく民主的にやりたい」と宣言しました。

一人の人間から出るアイデアだけで、名前のつかないジャンルの太い枝を生やす「こぶ」にたどり着くことはできないと思っていました。

メンバー全員がリーダーでもあり裏方でもある方法で運営していきたい、と話しました。全員がリーダーのほうが、目指す地点にたどり着く可能性が高まるのではないかと考えたからです。運営や演出も全員でウンウン考えるし、イスもみんなで並べるし、掃除もする。なるべく他人に任せず、みんなで全部やっていきたいんだ、と。他人の作業や仕事をみんなが把握していれば、表現においても運営方法においても、より深い意見や要求を伝えることができるはずです。誰にでも調子のいいときと悪いときがあるから、調子の悪いときには補い合えるのではないかと。それは自分が思い描いていた社会のあるべき姿でもありました。

当時の東京は、圧倒的に分業が中心でした。分業して効率を上げ、時間を節約することに集中していた。みんなが効率の良さを追求した結果こういうことになっているのなら、同じやり方をとれば、結局同じようなものしかつくれない。ぼくらは逆をやるべきだ。ルールはすべて暫定なので、もし間違っていればやり直せばいい。でもまずは、「分業せず」でやってきたいのだ、と。

三つ目は、公演の内容についてです。「物をつくっている、仕立てている行為そのものをぽんっと載せるだけの舞台。振り付けはなく、何かをつくるのに必要な作業を一心不乱にしているだけ。でもそれがダンスや演劇のように感じられるところまで、掘り下げていきたい」と伝えました。

スズキくんとやっていておもしろかったのは、彼の動きでした。公演のチェック用に撮影していたＣＡＹでのパフォーマンスのビデオを見ていたら、ダンサーよりも必死に動いているスズキくんの動きのほうが好きだった。そうか、迷いながらも一心不乱に物をつくっている姿は、それだけで一つのダンスや演劇のように見えるのだ、と。鍛治屋や職人の動きに魅せられてずっと見てしまうことってありますよね。あそこから舞台をつくり直したらどうなるだろう、とイメージを膨らませていきました。

何かにとことん真剣に、見栄えを気にしたりせずに正直に向き合っているときには、ぼくが一人旅の最中、一心不乱にハーモニカを吹いているときに感じたオーロラのようなものが降りてくる瞬間があるはずなんです。スズキくんが必死に布を操っているときだけではありません。ガンジーさんがコントラバスを弾くのをためらってもごもごしているとき、ソロになったぼくが舞台上で困っているとき……そういう場面さえも、おもしろいものになる可能性がある。そこをヒントに探っていけば、思ってもみない新しい表現が生まれるのではないか。そう考えたのです。

すべては新しい「こぶ」をつくりだすための実験ですから、「物をつくっている行為」を実験した結果、ちょっと違うとなれば、別の実験に入ってもいいのですが。

名前のつかないものをやるにしても、名前をつけないと人は来ません。そこで集団の呼び名をつけることになりました。

「布」というキーワードはすぐに浮かびました。スズキくんとやる中で、布ってやっぱりおもしろいなあと思っていたので。織物はすごく古くからある人間の手のかかった工芸品であり、張ると空間を遮断することもできれば、大きく使うと彫刻のような存在感がありながら、石や木と違って柔らかくふわふわ浮かんだりもする。布があることで目に見えない空気や光の存在を感じることもできる。ここに何かヒントがあるなと思いました。あとは、「サーカス」と名前に入れておけば、わけのわからないことをやっても、みんな騙されて見に来てくれるのではないかと。

誰が提案したのか覚えていないのですが、「布」「何かをつくる作業」「サーカス」の三つのキーワードを盛り込んだ名前として、「仕立て屋のサーカス」はどうだろうということになりました。海外公演を視野に入れていたため、さまざまな外国語に変換しているうちに、スペイン語訳「circo de sastre（シルコ・デ・サストレ）」を正式名称にしよう、と決まりました。メンバーにはサッカー経験者が多く、スペインのサッカースタイルに憧れていたからです。

さっそく第一回公演で「シルコ・デ・サストレです」と名乗ってみたのですが、「ん？

お汁粉？　意味がわからない」と言われてしまいました。そこでスペイン語のグループ名は残しつつ、日本国内では「仕立て屋のサーカス」を名乗ることにしました。

じつは「サーカス」という言葉を取ろう、と言っていたこともありました。というのも名前のせいか、数年前から現代サーカス好きな人たちや、伝統的なサーカス団の人が見にきてくれるようになり、「これはサーカスなのか、サーカスではないのか」論争が起き始めたらしくて（笑）。お客さんに来てもらうために名前に入れただけなので、サーカスであるかどうかなんて気にしていなかったのですが、最近では、若い頃にたくさん見たフランスの現代サーカスへの自分なりの返答をいましているのかもしれない、と思い始めています。

慣習を問い直す

名前のつかないものの入り口を体験してみたいという気持ちに加えて、自分が音楽業界にいてずっと納得がいかないと思っていたことをちゃんと提案したい、というのも原動力でした。自分がやるときにはこういうことはしたくない、とためていたことを、仕立て屋のサーカスにはなるべく反映させるようにしたのです。

東京では、お客さんのことを考えていないんじゃないかと思う公演がたくさんありました。招待客は前の特別席で豪華な食事をしながら悠々と鑑賞している一方で、後ろは立ちっぱなし、満員電車のようにギュウギュウ詰めで全く前が見えなかったり。ある大きなホール公演では人を入れ過ぎたために、過呼吸になったお客さんが何人も倒れていたり。あちこちにロープが張られて、スタッフがお客さんを押し込んでいる場面を見たこともありました。

仕立て屋のサーカスでは好きな席に移動していいし、ぐるぐる円の外を歩き回りながら見てもらっても、基本的にはかまいません。また、チケットはキャパより少し抑えめの数しか販売していません。チケット価格もできる限り抑えるようにしています。極端に言えば、座席は一〇〇円から一〇万円までの幅があっていいと思っています。あらゆる年代、あらゆる稼ぎの層のお客さんがいてほしいからです。

どこかの美術館のコンサートホールでは、発売直後がいちばん高くて、会期が迫るにつれてどんどん安くなるシステムをとっていると聞きました。それは、公演にとって熱気というのがすごく大事だからなんですね。満員の会場には熱気が生まれる。その熱気に押されて演者はよりよいパフォーマンスができるし、お客さんもさらに盛り上がる。みんなが得をするのです。だからそのホールでは席が空いているのなら値段を下げてでも埋めていくようにした。お客さんにとって、早めに買うメリットは自分の好きな席が選べることぐらいしかなかったのですが、次第に完売率が上がり、みんなが急いで買うようになったそうです。

バルセロナも、そんな感じでした。当日会場に行くとS席が格安で出ていたりするので、それ狙いでよく見に行っていました。空いているなら全部売っちゃう、ということなのかもしれません。日本でその話をすると、「先に買った客が文句を言うんじゃないか」とか言われますが、向こうの人たちにはそんな発想は全くなくて。

ヨーロッパはチケットが本当に安かったです。競争が激しいせいもありますが、それ以前に、そういうものとして動かしている。普通のライブは三〇〇〇円くらいから見られます。子ども向けワークショップもたくさんあったし、スーパースターみたいな人たちがみんな普通に写真も録音もＯＫにしていた。一方、日本ではサインをもらうことさえ難しい。そのギャップに苦しみましたね。なんでそんなに自分たちのアーティストとしての価値を高めようとしているんだろう、って。仕立て屋のサーカスが、公演の撮影・録音は、他のお客さんの邪魔にならない限り「営利目的」を含めすべてＯＫにしているのも、そういう経験から来ているのかもしれません。

社会を動かすいくつかのアイデア

(1) 一八歳以下無料化プロジェクト

仕立て屋のサーカスは立ち上げ以来、ずっと一八歳以下は無料にしているのですが、それより少し前の二〇一三年頃から、ぼくは一八歳無料化プロジェクトの団体「Open Arts(オープンアーツ)[★20]」を立ち上げようと動いています。

これは、基本的にはあらゆることに一八歳以下(年齢は目安で、各国体の裁量に任せる)の人への無料枠を設けよう、という運動です。映画や演劇、音楽といったエンターテイメントから食事を提供する料理店、交通機関まで、「Open Arts」に賛同したお店や企業・団体・個人は、「毎日一組」でも「一年に一枠」でも「当日空いている席は全部」でもいい。負担にならない範囲で一八歳以下には無料でサービスを開放してもらう。そのプラットフォームをつくっているところです。

そもそも若くて働くことができない、まだその資格がない人たちからお金を取るのは、おかしい気がしていました。料金が発生するのは、自由に働ける年齢になってからでいいのではないかと。

無料になれば、人気のない映画館に逃げ込むように通っては昼寝をしていた中学生が、映画を好きになることもある。気にはなったけれど一回見ただけではよくわからなかった美術作品を、毎日美術館でぼんやり眺めることもできる。多種多様な料理を、片っ端から食べ歩くこともできる。そういうふうに、子どもの頃自分が興味を持ったものを、どこまでもふんだんに浴びながら育っていける社会。そうやって育った人たちが、仕事のパートナーや雇い主、恋人になるような社会。それはどんな社会だろう、どんな新しいルールをのちのち生んでいくだろうと考えると、胸が膨らみます。

子どもって、どこか親に合わせていますよね。親の好きなものを好きになろうとするところがある。でも、自分の子どもたちを見ていても、生まれ落ちた瞬間から明らかに自分の好みを持っているように思います。子どもには自分の好みのまま伸びていってほしい。世界中の子どもたちが、どんな家庭環境に生まれようが、親の好みが何であろうが、生まれたままの感覚をずっと追い続けられるべきだし、さまざまな体験を自由に受けられるべきだと思うのです。

おいしい料理、多様な美術や映画や音楽を、好きなだけ子どもの頃から体験できることは、提供する側にとっても有利に働くはずです。そのサービスや商品をたくさん体験して育てば、仕事をする年齢になったとき、必ず顧客として返ってくるからです。「一八歳以下無料」は、誰も損をしないプラットフォームだと思っています。経済としてちゃんと回っていくし、すぐに理解されにくい作品をつくる作家、小さな声の表現者や職人たちにもチャンスが生まれる。さまざまな層の表現が残り、多様性がどんどん広がっていく。

最近は、一回の体験だけで惹きつけるものばかりで世の中が埋め尽くされています。何十回も触れるうちにゆっくり身体に染み込み、少しずつ理解が深まっていくような表現や人間が置いていかれ、ゆっくりその数が減っていっていると感じます。表現だけでなく、言語、民族、文化、道具……この世に生まれたあらゆるものは、「淘汰」に任せるのではなく、できる限り残していく、できれば種類を増やしていくというのが標準的な考え方になるといい。その考え方を基準にすべてをやり直していくと、社会はすいぶん変わっていくのではないでしょうか。

二〇〇八年頃、日本の音楽関係者があちこちでぼやき始めていました。「音楽がどんどん売れなくなっている」って。ぼくは心の中で「そりゃあそうだよ！」と叫んでいました。だってみんな刈り取るだけ刈り取って、畑を全く耕していなかったんだから。

フランスでは年に一度、国中で無料フェスが行われる音楽の日があるのですが、かつて国が経済危機に陥ったとき、それを中止しようとしたら、あんなに経済的に苦しかったのに、国民全体が「いや、それはやろうよ」と言って、ちゃんと予算を残したそうです。幼い頃からの体験の積み重ねが、国民の意識をつくっていたのだと思います。

飛行機や電車、バスにも「一八歳以下無料」を無理のない範囲で導入してもらえるよう、働きかけていきたいと考えています。どこまでも旅ができる環境があれば、自分はなぜこの家庭に、この国に生まれちゃったんだろうと思う子も、どこまでも旅ができる環境があれば逃げられるし、旅先で違う大人と出会えば、親がすべてじゃないんだ、と思える。アフガニスタンに生まれようがアメリカに生まれようが沖縄に生まれようが、ずっとずらして生きていける。

世界の多くの国で「子どもが教育を受ける権利」や「義務教育の無償化」が当たり前のこととして浸透したように、この考えやそれに基づいて生まれる仕組みも、いつか世界のスタンダードになっていくのではないでしょうか。

(2) 市場《いちば》をパートナーに

仕立て屋のサーカスは、公演会場内やロビーでいろんなお店に出店してもらうことも続けています。[★21] サーカスが来ると、必ず一緒に小さなマーケット、市場が劇場やホールに出現するような感じです。お店は誰でもいいというわけではありません。おいしいとか美しいとか安いというよりも前に、まずは地元の街に対してちゃんと働きかけをしている店、考えを持っている店を選んでお願いしています。

出店料など、考えたこともありません。出店しているお店や店主も出演者であり、舞台演出の一部ですから。きちんとしたポリシーを持って出店している人たちがいるからこそ、会場に気持ちのいい空間ができて、ぼくらはわけのわからない舞台をぶつけやすくなります。それに、お客さんと出店者がつながり、その後お店のある街を訪ねたら世界が広がって、そのことで何か新しいことが動き出す。そういうことが実際に起きているから、ぼくらにとって彼らの存在はとても重要なのです。もし仕立て屋のサーカスの公演に満足できなかったお客さんがいたとしても、「でも今日はうまい料理を味わったし、探していた本も見つかった。店主たちとの会話も楽しかった。やっぱり外に出るのは悪くないな、家から出てよかったな」と思ってくれたら、それだけで十分うれしいですし。

(3) 劇場に学校を

舞台グループが一定期間同じ場所で公演をするときには、演目の上演だけでなく、その集団が選んだ講師陣による講義やワークショップのようなものが滞在中毎日開かれることが当たり前にならないかとも考え、取り組んでいます。[★22] 長い期間劇場を借りるとき、ロビーなどさまざまなスペースがあるのに、ただ空かしているのはもったいないとずっと思っていました。授業やワークショップ、ちょっとした朗読会でもいい。公演自体には興味のない人、チケットが高くて公演が見られない人でも、ワークショップなら参加できるとなれば劇場に足を運ぶようになり、小さな学校が劇場に生まれます。街の人と舞台グループがかかわることで新しいアイデアが生まれるし、エンターテイナーはただパフォーマンスを見せるだけではなく、学校教育を補完するような社会貢献もできると伝えられるのではないでしょうか。

(4) バトンを手渡す

仕立て屋のサーカスを学生と一緒につくらせてもらえないだろうか、と高校や大学に提案することも始めました。こういう名前のつかない、なんだかわからない舞台芸術を一緒に作っていきませんか、と。このアイデアは、ピナ・バウシュ[★23]の映画「ピナ・バウシュ　夢の教室」を見ていたときに浮かびました。ピナは、ある演目を自らのカンパニー、ヴッパタール舞踊団だけじゃなく、一四〜一八歳の子どもグループとおじいちゃんおばあちゃんのグループにも振り付けし、世界中で公演しているのです。三つのグループが全く同じ演目をやるのですが、プロのヴッパタール舞踊団のダンサーよりも、ぼくは子どもやおじいちゃんの動きにとても魅せられました。若い人たちと一緒に舞台をつくると、こんなふうに自分たちの気づかなかった新しい学びが得られるのだと思いました。

それにその頃、歳をとるごとに自分たちの身体のキレが鈍ってきていることも感じ始めていました。いつかぼくらもステージを降りる時が来る。そのときには自分たちが試行錯誤して見つけた工夫を、身体や頭のキレがある若い世代にバトンのように手渡せるよう、準備を進めておこうとも考えたのです。

ぼくは仕立て屋のサーカスを通して、さまざまなアイデアをこっそり社会に対して提案しているつもりです。もちろん第一の目的は、演目表現そのものを突き詰め、「こぶ」のようなものを生み出すことですが、公演自体が醸し出す雰囲気や活動方法によって、ささやかな社会運動をしている意識もあるのです。自分の考えを声高に呼びかけたり、強制するのではなく、考えを盛り込んだ環境をつくり、自然な形で体感してもらう。幼い頃、年齢や力の差があっても必ず「名勝負」が生まれるドッヂボールのルールはないだろうかと考えていたのと似ているかもしれません。新たなプラットフォームをさりげなく敷いていくことで、社会全体がゆっくり、かつゴロリと変わっていくことがあるのではないかと思っています。

【注】

★1　自由の森学園　埼玉県飯能市にある私立の中高一貫校。点数序列主義に迎合しない新しい教育を目指し、数学者・遠山啓の教育論をもとに一九八五年に設立された。生徒自身の意見を尊重し、本来の学びを実現するため、制服や校則はなく、定期試験も行っていない。併設の寮では、寮生による自治が行われている。

★2　青春一八きっぷ　JR線の普通列車、快速列車が一日乗り放題になる五枚綴りの特別企画乗車券。学生の長期休み期間（春夏冬）に合わせて発売されている。「時刻表でよく空想の旅もしました。ここを始発で出て普通列車を乗り継いだらどこまで行けるかとか、最も効率よく日本一周できるのはどのルートかを計算して。時刻表には小さな注釈もたくさんあり、そこ読み飛ばすと失敗するんですよね」（曽我）。

★3　「男はつらいよ」　山田洋次原作・監督、渥美清主演の松竹映画シリーズ。旅先からふらりと戻っては大騒動を巻き起こす主人公、「フーテンの寅」こと車寅次郎を、故郷・柴又の団子屋「とら屋」一家は毎回あたたかく迎える。一九六九〜九五年、九七年、一九年で全五〇作を数えた。

★4　オホーツク文化　奈良・平安時代に北海道オホーツク海沿岸に広がった狩猟・漁労文化。深い鉢が特徴のオホーツク土器や、本州とは異なる、大陸文化との関係が考えられる金属器を使っていた。近世アイヌ文化の精神的な源流としても注目されている。

★5　ベンポスタ子ども共和国　スペインのオレンセ市郊外にある共同体。一四〇人ほどの「国民」の中心は六〜一八歳の子どもたちで、学ぶこと、働くこと、そしてサーカスの練習の三つを同時に行っている。一九九〇年には青池憲司監督によるドキュメンタリー映画が制作された。

★6　シルク・ドゥ・ソレイユ　大道芸人ギー・ラリベルテが一九八四年にカナダ・ケベック州で設立した、動物による曲芸を使わない現代サーカス集団。日本でも一九九二〜二〇一六年、毎年のように新作公演が行われ、熱狂を巻き起こした。

★7　https://www.circodesastre.com/about（10頁）

★8　「後日談ですが、二〇一八年一一月、二度目のマドリッド公演を行った劇場 Sala de Columnas の場所が、なんとその通り沿いにある Circulo de Bellas Artes という建物の上階だったんです。大理石でできた歴史ある立派なビルからは、ぼくが十数年前に逮捕された通りがよく見えて、感慨深かったです」（曽我）。

★9　アビニョン演劇祭　一九四七年、演出家ジャン・ヴィラールが創設した世界で最も有名な国際演劇祭の一つ。毎年七月に南仏のアヴィニョンで開かれる。古典劇や現代劇、ダンス、ミュージカル、操り人形など幅広いパフォーマンス・アートが公式の「イン」だけでなく「オフ」と呼ばれる自主公演でも上演され、創設時の精神「芸術創造のための実験室」そのものの様相を呈す。「いつの日か胸を張ってアビニョンに出せるような舞台表現をつくりたい、とこのとき強く思ったのを覚えています」（曽我）。

★10　Zingaro　一九八四年創設、主催者であり演出や制作も手がけるバルタバスが率いる多国籍の騎馬舞台芸術集団。パリ郊外のオーベルヴェリエを拠点に、世界各地で公演を重ねる。演劇と音楽と美術、そして馬術が融合した他に類を見ないパフォーマンスは、高い評価を受けている。「彼らの公演を体験して受け取ったアイデアは、『仕立て屋のサーカス』にも落とし込んでいます」（曽我）。

★11　CINEMA dub MONKS　一九九九年、沖縄で音楽家の曽我大穂と、コントラバス奏者のガンジーを中心に結成されたインストゥルメンタルバンド。多種多様な楽器と各地でフィールドレコーディングした音を絡ませた即興演奏からなる〈会話〉と、〈情景〉を想起させるスライド映像により、〈一本の映画〉のようなライブ空間をつくりだす。国内はもとよりバルセロナ・リスボン・ベルリン・パリ・ニューヨークなど海外でも活動している。

★12　「VJブームの最中、スライドという古い方法でありながら、音楽はジャズからダブ、ヒップホップなど古いものから新しいものまでをミックスしていた。それが『レトロなのに新しい』と評価されたのです。当時バルセロナに住んでいた世界的音楽家、マヌ・チャオに絶賛してもらったこともありました。フェスにも出るし、クラブやライブハウス、美術館でも演奏させてもらいました」（曽我）。

★13　前島アートセンター　二〇〇一～一一年、沖縄県内における民間主導の新しい芸術・文化活動の拠点として活動したNPO法人。曽我は二〇〇三年頃建物の二階に居候していた。〇五年、バルセロナとリスボンで行ったCINEMA dub MONKS欧州ツアーの模様を収めたドキュメンタリー映画「うみべの街のはなし」（撮影・監督は石川徹）は、前島アートセンター主催の「リスボン／バルセロナ／沖縄――美術・音楽・地方都市・シネマダブモンクス」展で公開された。

★14　永積崇（一九七四～）「ハナレグミ」のソロユニット名で活動するミュージシャン。曽我は二〇〇三年頃からサポートメンバーとして参加した。

★15　CAY　東京・青山スパイラルビル地下一階にあるレストランバー。本格的な音響・照明設備を完備したライブステージがあり、一九九〇年代には国内外の幅広いジャンルの音楽発信基地として一斉を風靡した。

★16　二階堂和美（一九七四～）広島県在住のシンガーソングライター、僧侶。映画「かぐや姫の物語」の主題歌「いのちの記憶」で知られる。CINEMA dub MONKSとの出会いは、彼らの3rdアルバム「永遠と一日」に二階堂が感動したことがきっかけ。なかなか書き上げられない一通の手紙と格闘していた二階堂。そんなとき、発売直後の「永遠と一日」をふとかけると……。「音が鳴り出した瞬間、私の中でダマになっていた思いが一気に流れ出した。全身の細胞に水が充ちる。潤い、そして放たれていく。これだ、これを求めていた。そんな感覚を得たのは何年ぶりだろうか。嬉しい。音楽がこちらに寄り添ってくれた。気分だけを連れてきてくれる音。私は部屋にいながら旅に出た。あふれる気持ちをそのまま手に移し、ペン先に移し、行方の知れぬ相手への手紙を完結させた。届いても届かなくとも、ダマになっていた自分自身の糸を、巻き替えることができた」（二階堂和美／CINEMA dub MONKSブログ二〇一〇年三月八日より）。曽我とガンジーは二〇一〇年四月、広島での二階堂のライブに参加、名盤『にじみ』を全面サポートした。

★17　VACANT　「人が出会い、創作する場をつくる」をコンセプトに二〇〇九年、永井祐介を中心とする二〇代前半の若者たちが設立した東京・原宿のフリースペース。一九年一二月に営業終了するまで、数々の展覧会やライブ、演劇、イベントを開催し続けた。

★18 曽我の呼びかけで、音楽家はもちろんダンサーや写真家まで、幅の広いアーティストがゲスト出演した。詳細は「仕立て屋のサーカスのあゆみ」(309〜310頁)を参照のこと。

★19 カチャトラ 東京・恵比寿にあったイタリアンレストラン。ライブも頻繁に開催、音楽関係者に親しまれた。二〇一六年閉店。

★20 Open Arts「一八歳以下の子どもたちにアートと文化の扉を開く試み」をコンセプトに、発起人・曽我大穂を中心にクリエイティブな分野で活動する有志八人が集まり、立ち上げたプロジェクト。メンバーは、曽我、スズキタカユキのほか、映像作家・映画監督の関根光才、クリエイティブディレクターの田中耕一郎(projector inc.)、ライターで翻訳家の鈴木沓子、マルチタスクな会社員の太田裕貴、クリエイティブコンサルティングを生業とする白石宏子と青木佑子(stillwater co., ltd.)。二〇一三年より、形を変えながら進行中。

★21 仕立て屋のサーカスの一部とも言える出店コーナーには、毎回メンバーとつき合いのある個人の飲食店や雑貨店、古書店などが出店している(319〜324頁)。

★22 二〇一九年の黄金週間に東京・新宿で開催された「仕立て屋のサーカス大博覧会」では、この構想が八つのワークショップとして実現した。参加費は無料〜二〇〇〇円までと手頃で、主旨に賛同した多くのアーティストが協力した(317頁)。

★23 Pina Bausch(一九四〇〜二〇〇九)ドイツの振付家、コンテンポラリーダンサー。ダンスと演劇を融合させた独自の様式「タンツテアター」を用い、人間の動きの根源を追求し続けた。ヴィム・ヴェンダース監督のドキュメンタリー映画「Pina/ピナ・バウシュ 踊り続けるいのち」がある。

精神性を感じる祝祭

石川直樹（写真家）

2020・1・31

「仕立て屋のサーカス」は公演ごとに印象が異なるのですが、常に世界観は統一されていて、気持ちがざわめいたり内面を揺さぶられたりするとともに、終演後はいつも爽快感が漂います。体に心地よい熱が残り続ける感じですね。

曽我大穂さんのＭＣがおもしろくて、毎回なんだかほっとさせられます。この公演を始めた初期の頃は、若い頃のエピソードとか、なぜ一八歳以下を無料にしているのかなど、もっと詳しく話していたような気がします。回数を重ねるうちに無駄が削がれてきたのかＭＣの時間は短くなりましたが、いい意味での過剰な部分は失われていない。曖昧な部分をあえて残しつつ、だからこそ偶然を呼び込める余白があって、独特のスタイルと存在感ですよね。きっと旅をたくさんしてきた人なんじゃないかなあ、と勝手に思っています。

変容する空間がマジックのようです。仕掛け自体はとてもシンプルで、使っているのは布と光だけ。舞台装置の大掛かりな転換もなければ、何かを足しても引いてもいない。それなのに、スライムが形を変えていくように、時間とともに空間の印象がぐねぐねと変わっていく。カメラに例えるなら、観客は空間のあちこちに焦点を合わせられるし、一歩も動かないまま焦点距離が延び縮みする感じ。切ったりつないだりされる布の造形の変化、そしてそこにあたる照明＝光の移り変わり……トランスフォーメーションの過程自体がすごくおもしろいのです。

布は演者に巻き付ければ服になり、空間に垂れ下げれば屋根に、床に敷き詰められれば境界線になる。切る、縛る、縫うという、極めてプリミティブな手法によって、一枚の布の意味や形が次元を行き来しながらさまざまに変わっていく。一見ただ乱暴に身体に巻き付けているだけのようでいて、スズキタカユキさんの手にかかると、みるみるうちに造形物としての衣装になっていく。

それは渡辺敬之さんの照明にも言えることです。映画の始源であるマジックランタン★24を思い出します。ブリコラージュ的なごくごくシンプルな照明操作によって生み出されるその世界は、非常に体感的でもありますね。偶然できあがる光を大事にしながら即興で操作しているから、どんなハプニングにも対応できる。最新のデジタルテクノロジーで計算しつくした空間を作っていく「チームラボ」のようなグループの手法とは対極にあって、でも負けていない。垂れ下がった紐に光が当たる効果も美しくて、自分の展覧会のインスタレーションでも応用できないかと思わず考えてしまいました。壁や線で区切られていないせいか、会場のサイズを感じさせない、広がりのある舞台になっていて、野外にいる気分になるのもいい。まるで音が星と一緒に降ってくるような感覚です。

演劇なら多少はストーリーを追って見ていくし、コンサートなら音楽に集中する。でも仕立て屋のサーカスでは、それらをすべてひっくるめて、観客はその場の空気を感じる、五感で知覚していく感じに近い。途中で座席を移動してもいいと言われる舞台なんて、そうはありません。音に聴き入ったり、空間のビジュアルに見入ったり、演者の動きを追ったり。受動的に観ていても楽しめるし、位置によっても印象が違うので、自分からアンテナを伸ばしたり縮めたりしながら、能動的に観ることもできる。そのあたりも仕立て屋のサーカスならではのおもしろさだと思います。

どこかヨーロッパの香りがするんですよね。ぼくがよく見てきた日本やアジアの祭祀儀礼とはちょっと違って、むしろヨーロッパのイースターやメーデーのお祭り、祝い事を想起させる。みんなが着飾って心から楽しそうに過ごす、あの祝祭の空気が全体を満たしています。三角旗のついた紐を引っ張って揚げたりする場面は五月祭のメイポールに似ているし、出店スペースもヨーロッパの市場に紛れ込んだようで。底抜けに能天気な南米の祭りよりは、むしろ精神性に裏付けされた祝祭に近い気がします。

つくる側もリラックスしているように見えるけれど、パワーのぶつかり合いも相当なものじゃないですか。演劇でもコンサートでもない、「仕立て屋のサーカス」としか言えないような舞台が生み出されていること自体に、大きな可能性を感じずにはいられません。

【注】

【いしかわ・なおき】
一九七七年東京都生まれ。東京芸術大学大学院美術研究科博士後期課程修了。人類学、民俗学などに関心を持ち、辺境から都市まであらゆる場所を旅しながら、写真作品を発表し続けている。『NEW DIMENSION』(赤々舎)、『POLAR』(リトルモア)で日本写真協会賞新人賞、講談社出版文化賞、『CORONA』(青土社)で土門拳賞、『EVEREST』(CCCメディアハウス)、『まれびと』(小学館)で日本写真協会賞作家賞を受賞した。インタビューは二〇二〇年一月三一日に電話で収録。

★24　マジックランタン　一七世紀半ば、オランダで発明された、主にガラス板に描かれた画像をランプとレンズで幕に投影する装置。幻灯機。スライド映写機の原型として、一八世紀、ヨーロッパ各地に徐々に普及した。

許されている場所

ミロコマチコ（画家・絵本作家）×曽我大穂

2019・9・6

「許されている感」がすごくあった。

ミロコ　「仕立て屋のサーカス」はこれまでに二回観ました。ある歌手の方とライブペインティングで共演したとき、私が布に描いたり、ちぎって楽器と結んだりしているのを見て、声をかけてくれたんです。『仕立て屋のサーカス』って知ってる？　絶対に好きだと思うから、見にいったほうがいいよ！」って。その後、三軒茶屋のカフェで写真家の三田村亮[★25]くんや制作の手島すみれさんが「もうすぐ仕立て屋のサーカスがある」と話していたのが聞こえて、ああ、あのときの話だと思っていたら、「ミロコさん、今度の公演観に来てよ」というので、「行く行く！」って。

初めて観たときは、夢かな？　と思いました。映画のようなものの中に自分が「入った」ような感じがして。舞台が客席と地続きだからか、自分も演者の一部になったようでした。世界が変わっていくのをただ見ているのではなくて、自分自身が体験しているみたいというか。ほわーっとした気持ちのままぼんやり帰った気がします。

会場に着いたのが開演ギリギリだったから後方席がなくて、前方の布席に座りました。そしたらふいに大穂さんが現れて、布を差し出して「持っていて」と言われて（笑）。何かやらされるかもしれないとドキドキしました。

とにかく、何をしてもいいという、「許されている感」がすごくあった。通常の舞台は静かに鑑賞しなくちゃいけない雰囲気があるけれど、ここでは「おーい」と叫んでも大丈夫、その声さえも取り込んでくれるかもしれない、という気がしました。実際には小心者だからできないけれど。

曽我　叫んでくれていたら、きっと「はい」って答えていたと思うけどね（笑）。

ミロコ　うん。そういうことをしても大丈夫な空気がありましたね。子どもたちが騒いでいてもいいし、動き回って観ている人がいてもいい。万が一携帯が鳴ってしまっても、その音も舞台の一部に取り込まれていきそう。みんながエキストラなんじゃないかと思うぐらい。

曽我　ぼくもそういう状況をつくれたらなとぼんやりとは思っていたけれど、意識的ではなかったから、いまの話はうれしいな。ぼくらメンバーには、お客さんにどう見えているのかがわからないんだよね。

ミロコ　「本気で取り込まれちゃうんじゃないか私！」というドキドキ感がありますよ。「君もやってみなよ」とアコーディオンを渡されたらどうしようとか（笑）。でも、もしそうなっても、お客さんが助けてくれそうなんですよね。「アコーディオンを弾ける人、いませんか？」と呼びかけたら、「はい！」と誰かが名乗り出てくれそうだし、そこからまた何かが生まれそう。お互いがお互いを許せて、みんなが他人事じゃなくそこにいるという感じがすごく心地いいんです。

ゲストには、その人が本来やっていることで存在してもらっています。

曽我　いやあ、うれしいですよね。いつの回を観てくれたんだろう。

ミロコ　ルミネゼロで観たのは、中嶋朋子さんのゲスト回★26でした。中嶋さんが一人自由に動いていて、子どもたちに文字が並んだ巻物を「ちょっとこれ読んで」と渡したり、一緒に読んだりして。かかわりがすごくあったから、より自由を感じて。ゲストにもいろんな人がいますよね。別の日はどんな感じだったのかな。

曽我　青柳拓次さんのときは、最後青柳さんがお客さんみんなを指揮して、アカペラのコーラスチームみたいになったりしたよ。振付師でダンサーの辻本知彦★27くんは、三日間毎回違うことをやったり。どのゲストを入れるときも、最初から「こういうふうに入ってほしい」という話をしたことはなくて。

以前、ある役者さんから「俳優とは、画家や音楽家のようにゼロからつくるのではなく、脚本をベースにそこから工夫して一二〇パーセント、一五〇パーセントまで膨らませていく仕事なんだ」と聞いたことがあった。それを朋子さんに話したら、「そう。だから全く意味のない文字列でも楽しそうに話したりできるし、その文字から泣いたり笑ったり、何でもできるよ」と言われて。それって一番見ごたえがありそうだというのでもう一度考え直して、ミロコちゃんが観た形になっていった。だから基本的にルールは決めていない。

ミロコ　わからない言葉でしたもんね。

曽我　あの意味のない言葉たちは、お客さんにひらがなハンコを紙に押してもらったものなの。

ミロコ　お客さんがつくったテキストだったのか！

曽我　そう。初日から来たお客さんにどんどん押していってもらって。役者さんてすごいですよね。ぼくも事前に読んでみたけど、文字がランダムに押してあるから音の並びが変で、どうしてもたどたどしくなっちゃう。でも朋子さんはそれをすらすらと読んだから、まるでどこかの国の言葉のように聞こえて。

ゲストに来てもらうときはそういうふうに、必然性が生まれる仕組みだけを事前に話し合って決めて、その人が本来やっていることで存在してもらっています。

人によって違う物語が生まれていそう。

ミロコ　想像する余地がすごく大きいから、人によって違う物語が生まれていそうなところも、他の舞台では経験したことのない点でした。座った位置によっても全然違う。大穂さん側から観ていれば、大穂さんへの感情移入が強くなるし、ガンジーさん側で観ていたら、ガンジーさんの気持ちになって観ちゃう。それぞれにとってのストーリーと主人公があって、観ている最中にもかかわったり離れたり、変わっていくのがおもしろい。

曽我　音楽が気に入らなかったら、汗だくで動いているスズキくんを「汗かいているなー」と見てくれていたらいいし、ふと見上げた天井に光がくるくる回っているのに見入ってくれてもいい。向かい側のお客さんの顔だって、見ていたら飽きないと思うよ。

ミロコ　そうや、ステージが円形なのもすごいよね。お客さんの顔が見えるから、自分もその一員なんだ、という感じがすごくする。

曽我　いっとき円形ステージをやめて、普通の舞台がある劇場でもでやれる演目を作ろうとしていたことがあったんだけど、できないままヨーロッパ公演が始まって。各地を回っているうちに、お客さんの目の前にあるものすべてが演劇に見えるという複雑な感じは、やっぱりセンターステージだからこそ出せるものだな、と自覚して。それまではなんとなく真ん中が好きだからという感じだったのが、そこでルールとして固まったのだと思う。

ミロコ　なんとなく始めたものが、「やっぱりいい」ってなったんだ。

曽我　でもその「なんとなくやりたい」の背景にはそれまでいろんなミュージシャンと演奏する中で納得していなかったいろんなことが積み重なっているんだよね。仕立て屋のサーカスではそれらを全部改良している。「ぼくだったら真ん中でやるほうが好きだな」とか。何度かやるうちに、少しずつ効果が出てくることがわかってきて。

ミロコ　席を好きに選べるのもいいしね。今回はあいつの背後から観てやろうとか。演者は思ったところに来るかどうかわからないし、始まってから「この席は思ったよりずっとステージに近くて布に取り込まれちゃうんだな」と気づくということもあるんだけど（笑）。

布席も、「ここから前に行かないでください」とかないじゃないですか。

曽我　ないない。

ミロコ　その「自分で選択する」感も、おもしろいんだと思う。布がわーって敷いてあるから座席の境目がわからなくて、私自身が布と同化して、盛り上がってくると、隣の子どもが「私の子かな」と錯覚するぐらいに膝に乗ってくるとか（笑）。それは私の服なんですけど、みたいな。そういう広い関係ができることがおもしろい。

音楽みたいに絵を描きたいと、いつも思ってる。

ミロコ　私もライブペインティングでは、会場をぐるりと囲んでやってみたいとずっと思っているんですけど、まだ形にできていません。それこそお客さんが移動しながら好きなところで見るというのでもいいのかもしれない。

私もお客さんと触れ合いたいんですよ。言葉だと恥ずかしくてできないけれど、絵でならできるんじゃないかと思うし、もっとお客さんとかかわりあってみたい。でも絵の具ってどうしても汚れるから難しい。

曽我　前に子どもたちとのワークショップで、気がついたら子どもたちに描かせた絵をちぎって自分の絵に貼り付けていたと言っていたよね（笑）。子どもはせっかく自分の描いた絵が！　とショックを受けていたけど、ミロコちゃんは「したかったから、しょうがない。私はそういう人間なんだ」と思ってやめなかったって。その話がすごく心に残っていて、いまでもライブ中によく思い出すよ。

ミロコ　衝動的だったんです（笑）。子どもたちのショックを受けた顔を見るまで気づかなくて。わーって破った後に、彼らの「ああ!!」という顔を見て、「やってしもうた！」と思ったけれど、やってしまったことは仕方がない、「こういう絵の描き方もいいでしょう？」みたいな感じで。

子どもたちがきれいな絵を描いて、床がすごくきれいになった。それを壁に貼り付けてみんなにも見てほしかったし、自分の絵と一緒にしたかったんです。子どもたちはびっくりしたかもしれないけれど、こんな大人がいるんだな、ああいう絵の描き方もあるんだなと思ってくれるのもいいんじゃないかなって。

曽我　いつかミロコちゃんとも仕立て屋のサーカスを一緒にやりたいなあ。★28 やるとしたら、スズキくんがつくる布にどんどん色をつけるというか、絵を描いていきたいと言っていたよね。

ミロコ　逆もありですね。私が描いた絵をスズキさんがちょきちょき切っていくというのもおもしろそう。
前に大分の野外音楽フェスで一緒にライブペインティングをしたことがありましたよね。あのとき大穂さんと触れ合ってみたくて、並んでいた音楽機器の上に、絵の具まみれになった小さいボールを置いたんですよ。そしたらそれがたまたま、新品のスマホの上で(笑)。

曽我　買ったばかりのiPhoneに黄緑の絵の具がバシャーっとかかって(笑)。でもあれなんかうれしくて、その後もしばらくそのままにしてたんだよ。ぼくが絵を描くミロコちゃんの邪魔をするようにオモチャ楽器を並べたら、その楽器をべちょんと絵の具につけて描いたこともあったよね。それも未だに「ミロコスペシャル」として使ってる。あれはびっくりしたなあ。絵と音楽がちゃんと交じり合ったのがすごく楽しくて。

ミロコ　大穂さんとなら交じり合えるかも。いつもうらやましかったの。音も布も、人と交じり合うにはすばらしくやさしいものだなって。私、音楽みたいに絵を描きたいなといつも思っているんです。

やりたいことと楽しんでもらうこと

曽我　ぼくは逆に、ミロコちゃんみたいに絵を描くように音楽をしたかったんだな、ということに気がついたな。音楽って自由なようでいて、実は先人たちが積み重ねた仕組みやルールからあまり外れないというか。外れてもいいんだけど、自分の頭がどうしても外れていかない。

ミロコ　みんなもともと好きな音楽があったからこそ、いま音楽をやっているんだもんね。好きだった音楽の世界の流れはやっぱり気持ちがいいからじゃないかな。

曽我　そうだね、音楽を始めるきっかけとしては、そういうことが大きいと思う。ぼくの場合、もともと音楽好きではないのに音楽にかかわってきたというコンプレックスがあるから、これはしてはいけないんだろうとブレーキをかける癖が身についているんだよね。あんまりむちゃくちゃやると、一緒に演奏している人が引いちゃったり、お客さんに「あれ？　期待していたのと違うよ」という顔をされたりして、「いけねいけね」ってなる。

音楽って一人でやるより他人と一緒にやるほうがおもしろいから、相手とは楽しみたいし、お客さんに支えられている部分も大きい。だからあんまりむちゃをして「こんなことなら音楽ライブなんて行かなきゃよかった」と思われて、他の人のライブからも足が遠のいたらどうしようって怖くなる。

ミロコ　あはははは、すごい。膨らみますね。

曽我　そう、それもやってる最中に考え始めちゃうから厄介で。だってその日「来てよかった」と思えば、また別の人のライブも見にいくかもしれない。そういうふうにどんどん広がってほしいから来てくれた人は喜ばせたいけど、それもちょっと苦しかったのかな。
いまの時代、ライブはYouTubeでも見られるし、家の中が居心地いいから若い子は外に出なくなってるでしょう。だからせっかく外に出てきてもらったチャンスは逃したくない。外に出るのもまんざら悪くないというバトンを渡したい。でも同時に、好き勝手にやりたいという気持ちもあって。ミロコちゃんの場合は、そのへんちゃんと昇華させているなと思う。

ミロコ　いやー、そんなことないよ。だけど、ただ「自分がやりたかったから」じゃなくて、来てくれた人にちゃんと楽しんでもらうというのは大事だよね。

曽我　ギリギリでいいと思うんですよね。全体としてはギリギリをやっていて、一点だけでも楽しめる部分をつくっておけば、次も騙されて出てきてくれるんじゃないかな。

ミロコ　やっている途中で「これ以上やったら、やりすぎだ」って感じるのは何なんだろう。空気で感じるのかな。

曽我　ぼくってすごく落ち着きがなくて、目の前の音楽に集中しているときでも、目の端にお客さんがあくびしている姿が映ったり、びっくりしている顔が見えたら、「つまらないのかな」とか「大丈夫かな」と心配になってきちゃうんだよね。子どもが泣いてるのは

「これは何かおもしろいヒントだな」と思えるんだけど。実はいまだって、こうやってしゃべっている間にも後ろの席の人たちの会話を半分は聞いている。

ミロコ　感じる力が強いんですね。

曽我　子どもの頃から耳のボリューム調整が下手みたいで。

ミロコ　でもそれがプラスになるんじゃないですか？　即興でどんどん変えていけるから。

曽我　うん、そう。だからライブはすごく楽しい。

先入観を覆されるのが好きなのかな。

ミロコ　大穂さんは、周囲全部を取り込んで世界をつくるのが好きなんじゃないかな。いろんな人と一緒にやったり、いろんな音を混ぜたり。楽器もいろんなのやるし。

曽我　うーん、全部中途半端だけどね。今日も、横浜の小学校の授業でミッキーマウスの曲をリクエストされたのに、うまく弾けなくて、女の子をがっかりさせちゃった。「プロの音楽家をお招きしました！」とかっこよく紹介してもらったのに。

ミロコ　（笑）。私はそういうの、好きだけどな。以前、ある作家のトークショーを聞きにいったとき、プロだからどんなすごい話をするんだろうと思ったら、「なんもわかりません」とか言って終わって、「ああ、この人おもしろい！」と興奮しました。わからなくていいんだ、って。プロならできて当然とか、プロはできなきゃいけない、というのはないんだな、と思えておもしろかった。そういう面も垣間見えたほうが、もっといろんな可能性が見えてくるじゃないですか。

曽我　いいなあ。どうやったらそうやっておもしろがれるんだろう。

ミロコ　先入観を覆されるのが好きなのかな。とてもかわいい絵を描く人がずっと舌打ちしていたのを見たときとか（笑）、すごくうれしかった。かわいい絵を描くからといってかわいい性格をしているわけではないし、かわいらしいものだけに囲まれているわけじゃないんだ、って。

曽我　自分で表現するときも、あまり気にせずできるってことだもんね。

ミロコ　うーん。これまで他人が思う自分の姿がことごとく現実と違うんだと思い知らされてきたからかなあ。「靴を履くんですね」って言われること、あるんですよ。「会話できるんですね」とか。やたらと自由な野生児だと思われているみたいなんだけど、そんなことは全然なくて、本当はすごく小心者で弱虫。人間ってそんなに単純じゃないってことが確認できると、安心するのかな。

大穂さんも何の楽器でもできる人だと思われているかもしれないけれど、実は楽譜が読めないとか。いろんなやり方があるんだな、となったほうが、みんなに可能性が生まれる気がする。大穂さんって、「これ」と決めないところもすてきだし、いろんなものが中途半端なところもいいところだと思うんですよ。音楽家が踊りながら絵を描いたっていいじゃないですか。肩書きと実物のはざまをなくしたいのかな。絵と音楽の間をうやむやにしたいというか。

自分だけの楽しみみたいなの、いいね。

曽我　仕立て屋のサーカスを立ち上げたとき、「スズキくんはいまは布をやっているけど、演奏したっていいし、照明に回ってもいい。いまやっていることじゃないことを全員がやっているときが完成なんだ」とメンバーに伝えたけど、ちょっと手を出しました、みたいなのはやっぱりダメだなと思って。

ぼく一度、ミシンを踏んでみたことがあったんだけど、やっている最中も違和感があったし、ビデオを見直してもやっぱりイマイチだった。スズキくんがぼくの楽器をいじってくれたときも同様で。普段からミシンや楽器に触ってもいない人がやっても強度がないんだな、と思い知らされて。だから新しい楽器や音の鳴るオモチャをステージで使うときはしばらくなじむ時間を持って、しっかりなじんでから「お前今日デビューだぞ」と、試していきます（笑）。誰にも気づいてもらえないことも多いけどね。

ミロコ　「その子」と仲良くなっている空気をまとっているとき、ありますよね。何をやっているかわからなかったけど、大穂さん一人なんかうれしそうだったな、とか。

曽我　うん、そういう秘密兵器がある日の公演はすごくうれしそうだよ、俺。どこで出そうかとドキドキしているし。

例えば、最近公演の終盤に必ず演出で使っている紙ふぶきは、もともとこっそり自分で用意していたものだったの。きっかけはネットで見たトム・ウェイツのライブ[★29]。唄い終わったトム・ウェイツがバンドにソロを振った後、うろうろ腰を曲げて歩き回りだしたかと思うと、着ていたジャケットの内ポケットから紙ふぶきをつかんで自分の上にぱらぱら撒きながら歩く、ただそれだけだったんだけど、すごくよかった。紙ふぶきって、もっとわーっと派手に撒くイメージなのに、そのしょぼい感じがたまらなくよくて。撒いた後、紙ふぶきが積もったことでTV局の殺風景なスタジオが少し汚れて、境界がなくなった感じがしたのもよかった。紙ふぶきを撒けば、全部が地続きになり、つながりだすかもしれない――そう思って、自宅で半紙を切って用意するようになったんです。

周りの人は、「あいつ何するんだ、掃除はどうするんだよ。お客さんの食べ物にかかる

ミロコマチコ × 曽我大穂

じゃないか」とかいろいろ思っていたみたいだけど。

ミロコ　クライマックス感もあって、すごくいいですよ。ご飯についたって全然いいよ、と思っちゃう。

曽我　そうですよね。ぼくがステージで飲んでいるドリンクにも、いつも二センチぐらい積もってる（笑）。

朗読も、ある日突然やったんです。メンバーの何人かは「は？　大穂なにやってんの？」という顔をしていたけど、ぼくは音楽からちょっと離れたくて。ステージ上では常に「次は音楽で何をしよう」ばかり考えていたから、ただぼんやり立っている時間がほしかった。でも慣れていないから噛み噛みで、見にきてくれていた女優の鈴木杏さんが「大穂さん、今日すごくよかったよー！　でも朗読ひどいー！」って言うほどだったけど（笑）。

ミロコ　でも最近はうまくなっているんじゃないですか。

曽我　噛まなくなりましたね。あれはうまくなったほうがいいのか、下手なままのほうがいいのかわからないんですけど。読んでいるふりして、全部ウソを読み上げるのが最終目標かな。口からでまかせがすらすら出たらいいなって。

ミロコ　そういう、自分だけの楽しみみたいなの、いいね。紙ふぶき、私も急に舞台上で思いついてやろうとしたことがあって。持っていた半紙を子どもたちに渡して、「こうやってちぎってちょうだい」と伝えたつもりだったけど全然伝わらず、とくに終盤だったから、みんな「これで手を拭きな」と言われていると思ってしまって、絵の具でどろどろの手を拭いた紙を渡してきた。さらにそれを投げる子もいて、舞台上が最終的にゴミ捨て場のようになったという（笑）。そんな苦い過去もあります。道具となじむ時間もやっぱり大事だね。

そこでしか生まれないものを楽しみたい。

曽我　ライブペインティングのときは、あらかじめどんな絵を描くか決めているの？

ミロコ　最初はたいていそんなに浮かんでいなくて、音楽があれば音楽から感じた雰囲気や色をそのまま写していく感じかな。音がかくかくしているなとかふわふわしているな、とか。お客さんの咳とか雑音も材料になる。シーンとしているなと思えば、しーーーん、みたいな絵になるし。

曽我　ほんと、ミロコちゃんのライブペインティングって、何か赤裸々な、あけっぴろげな感じがあるよね。

ミロコ　それこそ私だけの楽しみがめちゃくちゃあるんです。それをどうすればみんなで共有できるだろうといつも考えていて。
例えばたらーっと絵の具が垂れてここでぶわーっと混じった、というのは、間近で見ている私にはすごく楽しいんですよ。描いている最中に、私しか知らない楽しいことがいろいろ起きている。でも現象として小さすぎて、お客さんみんなには見てもらえない。変化に気づいてもらうには、アクションをそれなりに大きくしないといけないけれど、その現象自体を大きくしたいわけじゃないから、どうしたらいいのかなって。近寄ってもらえばいいのかもしれないけど、まだ方法が見つけられていない。

曽我　かなりの段階まで描いた絵を、途中で消しちゃったりもするよね。

ミロコ　絵本の絵を描くときと、ライブペインティングは全然違うんです。それはやっぱり音楽があるから。音楽って一瞬で世界を変えられるじゃないですか。そうすると絵も変えたくなるんですよ。さっき晴れていたけど、いまは雨降ってるじゃん、となると、ああ、違う違う！　って消したくなる。

曽我　ああ、それであの動作なんだね。ぐわーってやめていく感。

ミロコ　昔、磁石のペンで描いてすーって消せるオモチャがあったけど、ああいうのがあったらいいのにと思います。
全部破って新しい紙が出てくる、というのはやったことあるけど、私は描いている最中に段取りがあると焦るタイプなんです。破る前に三枚ぐらいあると思うと、これやらなくちゃ、と思ってしまうし（笑）、ヤバイ、まだ破ってなかった！　とかなっちゃって。

画家によっては、普段描いているのと同じスタイルで公開制作をする人もいて、それもおもしろいと思うけど、私は即興というか、そこでしか生まれないものを楽しむようにしています。だから音楽との相性がいいのかも。人が大勢集まっている前で描くというのは決して平常心ではできないので、どこか緊張しつつ周りの雰囲気を感じながらやることになって、「え？　私こんなことするの？」みたいなことが毎回起きる。そのときに生まれるものを何とか形にしようとしているのかな。

曽我　お客さんには影響されるよね。知っている人が一人もいないところでやると、意外とおもしろくできたりもするし。海外公演では事前の想定は全く意味がないんだけど、周りの熱気や自分たちの集中力の浮き沈みなど、いろんなことを感じながらやるのがすごくおもしろい。

ミロコ　さっき大穂さんが言っていたように、部屋で一人で楽しめる時代に、みんなで見る場に出てきてくれるんだから、その時間を充実させたい、という気持ちは私にも確かにある。でも私の場合、これまではそれをお客さんのためというより、自分のためばっかり考えてきた気がするな。せっかくみんなが来てくれているんだから、なんとか交われないだろうかとずっと思っていて。でもそれが結果として「ああ、出てきてよかった」と思うきっかけになっていたらいいなあって。

映画館で映画を見る良さって、スクリーンが大きいということ以上に、みんなで集まって見るという空気にあるんじゃないかな。だから作り手としては、お客さんにいろんな気持ちを味わってもらえるものを作りたい。家にいたのでは感じられない気持ちを感じてもらえる場をつくる、それが私たちの役割なのかも。

曽我　本当にそうだよね、うなずくことばっかりだよ、ミロコちゃんには。

【みろこまちこ】
一九八一年大阪生まれ。二三歳のとき独学で絵を描き始める。二〇〇五年初の個展開催。勢いあふれる動植物の絵画が高く評価される。絵本作家としてのデビュー作「オオカミがとぶひ」で第一八回日本絵本賞大賞を受賞。以来、さまざまな賞を受賞する。鹿児島県奄美大島在住。対談は二〇一九年九月六日、羽田空港フードコートで収録。

【注】
★25　三田村亮（一九七七〜）写真家。「仕立て屋のサーカス」の写真を初期から撮り続けている。「ライブ写真を撮るようになったのは、ライブが無料で見られるからです。CINEMA dub MONKS の音楽が好きで撮るよう

になったら、そのつながりで対バンのグループへも広がっていって。自分の無意識下に蓄積されている映画や写真、絵画の好きな絵面と目の前の光景がハマったときにシャッターを切ります。ライブ写真は躍動感を強調して撮るのが一般的ですが、ぼくが撮影するのは静的なライブが多い。シャッター音さえ出ないように気をつけながら静かに静かに撮る感じです。メンバーからは、『自分たちは見えていなくていい、何が写っているのかわからないぐらいの抽象的な写真を撮ってほしい』と言われます。ハサミの刃先とか布のつなぎ目、演者の手元といったクローズアップやシルエットを撮れば抽象度は高まりますが、そのためには近くに寄る必要があって、お客さんの邪魔になってしまうから難しい。彼らの公演は即興で予測がつかないし、圧倒的に暗いんです。頭の中にある好きな構図が目の前に現れたときにそれが撮れる光があるかどうか。照明の渡辺くん次第なのです」（談）

★26　二〇一九年四月二七日「仕立て屋のサーカス大博覧会」

★27　辻本知彦（一九七七〜）ダンサー、振付師。Noism 創設期のメンバー、シルク・ドゥ・ソレイユの日本人男性初のダンサーとして活躍。米津玄師や菅原小春、「Foorin」らへの振付でも知られる。二〇一八年六月の渋谷・Space Edge 公演、一九年「仕立て屋のサーカス大博覧会」（五月四〜六日）にゲスト出演した。

★28　ミロコはこの対談の翌年二〇二〇年一月の東京・新宿ルミネゼロ公演で初めてゲスト出演した。

★29　Tom Waits（一九四九〜）「酔いどれ詩人」の異名で知られるアメリカのシンガーソングライター、俳優。しゃがれ声やジャズ的なピアノ演奏、独特な歌詞世界、ステージでの軽妙な語り口で人気を博した。

もっといいやり方を探している

原田郁子（音楽家）×曽我大穂

2019・9・4

曽我　郁子ちゃんとはずいぶん長い付き合いだよね。「仕立て屋のサーカス」も、前身の頃から観にきてくれている。

原田　大穂と初めて会ったのは、いつだろう？　「ハナレグミ」の「音《オン》タイム」ツアーの沖縄公演（二〇〇二年）だったかな。偶然チラシを見て来てくれたんだよね。

曽我　うん。長く活動していたスペインから帰国した日にコンビニでフライヤーを見たの。ハナレグミって、これ自由の森学園の後輩の永積崇くんだな、観たいなと思ったけど、財布に日本円があまり入っていなくて。翌日会場の外まで行って、どんな音楽やっているんだろうと壁に耳当てて聞いていたの。そしたら通りかかった関係者が入れてくれて、永積と久しぶりの再会を果たした。そのバンドメンバーとして郁子ちゃんがいたんだよね。

原田　そう。「クラムボン」[★30]のミトくん、私、「Polaris」[★31]のオオヤくん、坂田さんっていうサポートメンバーだった。ライブが終わったあと、タカシくんと大穂が再会を果たして、「よくわかったね！　すごいね！」って話していたのは覚えてる。そこから、ハナレグミの弾き語りやバンドに参加するようになったんだよね。

曽我　そう。出会った翌日、自由の森学園にいた先生が沖縄で立ち上げた学校「珊瑚社スコーレ」[★32]に永積と遊びに行って、ちょっとセッションしたら、すごくいい感じでできて。そしたら数日後、事務所から「曽我さんは東京の街が苦手と聞いていますが、日比谷野音のライブに出演していただくことは可能でしょうか」とすごく丁寧な電話が来た。

原田　へえ！　もう一七年も前なんだね。みんな二〇代だったよね。タカシくんはその頃「Super Butter Dog」[★33]というバンドをやっていたけれど、ソロを始めて曲がどんどん生まれて、ライブをやるごとになんかもうビッグバンみたいな爆発が起きていた。沖縄以来、大穂は相棒のように一緒に音を鳴らしていて。私もときどきコーラスで呼ばれて、二人でタカシくんをサポートさせてもらったり。ハナレグミの現場ではすごく鍛えられたね。セットリストが決まってないから突然呼び込まれることもあったし、即興的で瞬間ごとに反応しながら世界をつくっていくようなところがあって。あれは自分という人間を磨く時期だったような気がするな。みんなすごい熱量だった。

曽我 うん、うん。

原田 大穂には、私のファーストソロアルバム『ピアノ』（二〇〇四年）にも急遽セッションパートを入れてもらったり、フジロックのソロステージに参加してもらったりもして。いつも遊びと真剣が混ぜこぜな状態でね。でも、そう！ あの頃から大穂は「サーカスをやりたい」って言っていたんだよね。ハナレグミの小金井公園のフリーライブ（二〇〇五年）後、「こんなふうに公園や空き地にテントを建てて、一週間ぐらいライブできないかな。入り口のボードに日替わりで、『「CINEMA dub MONKS」は○時から、原田郁子ソロは△時から』とその日のスケジュールが張り出され、飛び入りでセッションが始まったりしてさ。おいしいごはんの出店が並び、みんな何となく集まってきて、のんびりしてて」とか、そんな話をしてたよね。子どもからおじいちゃんおばあちゃんまで楽しめるものがやりたい、いろんな国のいろんな人が集まった多国籍バンドをやりたい、とも言ってた。「どうして日本人だけじゃないといけないのかなあ」って（笑）。

初めて仕立て屋のサーカスを観たときに、そういえばサーカスって言ってたな、大穂の中にはその種がずっとあって、いろんな人と出会う中でいまの形が生まれたんだろうな、と思ったんだよね。

空間をつくるということに自覚的だったんだと思う。

曽我　ぼくは自分が「サーカスをやりたい」と言っていたことはすっかり忘れていて。バルセロナから帰国後、いろんな音楽家とツアーであちこち回るうちに、日本のライブのやり方に物足りなさを感じるようになったのがきっかけだったのかな。会場を一日ごと移っていくこととか、バンドはステージ上にいて、お客さんがその下にいることとか。

ぼくらは沖縄で音楽を始めて、バルセロナで育てられたというのもあるし、二〇代の初め、ヨーロッパを貧乏旅行したときに見た現代サーカスやフェスの印象も強くて、もし自分が何かをできる立場になったら、これまで学んだことや日本で抱いた違和感を解消することを全部やりたい、そしてそれをいずれはみんなにもやってほしいと思っていた。そうすればお客さんも絶対楽しんでくれるし、いい循環が生まれると信じていたから。

永積にはそういう考えを断片的には話していて、実際に彼も代々木体育館の真ん中にセンターステージをつくってみたことがあったよね。★34

原田　あのときは、壮大な三六〇度で。おもしろかったね。

曽我　四角いステージでやると一番遠い席の人との距離が出てしまうけど、真ん中でやるとお客さんとの距離が半分になるから臨場感も出るし、爆音を出す必要もなくなって、小さい音の粒も楽しめる。

それに、お客さんが演者をぐるっと囲むということは、演者の向こう側にもお客さんがいて、その顔が見られるってことなんだよね。やっている側にとっては、逃げ場もつくれるし、お客さんの表情から教えてもらえることも多い。お客さんにしてみれば、向こう側の背景込みで演劇のようにも楽しめる。ぜいたくだよね。

会場に入れるお客さんの数も一〇〇パーセントにはせず、少し余白を作って、「この場所失敗した！」と思えば席を変えられるようにしたり。そうやって一つのライブをいろんな場所からうろうろ見られることがスタンダードになればいいなとずっと思ってる。

原田　うん。なんかいま、初めてCINEMA dub MONKSのライブを見たときのことを思い出した。斜めの線が雨のように横切っている映像を、ステージだけじゃなくお客さんの頭にも背中にも、さらにはみ出して店内全体にも当てていて。それがなんだか映画みたいで。空調の音や外を走ってるバイクの音も、音楽の一部のように聴こえた。[★35] きっと、空間をつくるということにすごく自覚的だったんだと思う。どうやって自分たちを解放していくか、自由になっていくか。これは仕立て屋のサーカス以前のことだけど、悩みや葛藤も含め、そこに向かう道のりが母体としてしっかりあったんじゃないかって気がする。

子を見る親のような気持ちになっちゃう。

原田　私が初めて仕立て屋のサーカスを観たのはいつだろう。たぶん、その名前がつく前の青山ＣＡＹかな。「最近、どんなことやっているの？」と聞いたら、「洋服をつくっている人をゲストに招き、ミシンにマイクを仕込んで鳴らしている」と大穂が言って。タイミングが合ったから、観に行ったんだよね。

曽我　ＣＡＹのときはまだ音楽中心のアプローチで、少し空間を広げる中でいろんな分野のゲストとやるようになった。中でもスズキくんはダンサーでもないのに目を引くなあ、と気になって。ミシンの音も布を裂く音もハサミの音も音楽だし、一心不乱に物をつくっていることそのものが美しいダンスであり、演劇のようでもあるんじゃないか。コレだ！と思って。ここからもう一度やってみたら、音楽だけじゃないおもしろいものがつくれるという発見があった。

原田　新しいことをしているのはわかったんだけど、でも私は、なんか終わった後モヤモヤしててね。

大穂ってCINEMA dub MONKSもそうだけど、めっちゃくちゃいいときと、終了後すぐに反省会が始まるときと、波があるんだよね。インスト（即興）で、あらかじめ決めてるところと決めていないところとがあるし、人前で演奏する瞬間瞬間、どこまで物語を紡いでいけるかを試していく感じだから、個々のコンディションがそのまま出てしまう。それが手にとるようにわかるから、子を見る親のような気持ちになっちゃうんだけど（笑）。

その日は、音は少しずつ解放されていって、観ているほうも開かれていくんだけど、スズキさんが布で全員をどんどん縛って結びつけていっていて。大穂もガンジーさんも、ものすごい量の布で繭みたいにくっついていく。音楽で起きているベクトルとは反対のことが視覚的には起きていて、解放されたいのに束縛されていく感じがなんとも、もどかしかった。終了後、大穂に感想を聞かれたから、思ったことを言ったら、「あーー」って口が縦になったまんま黙っちゃった。きっとやりたいことは山のようにあって、でもまだバランスというか、全体で何を伝えるかにまでは至っていないんだろうなって。……私、いつもそういうこと言っちゃうよね（笑）。

曽我　うん、だから郁子ちゃんに聞きに行くのすごく好き。確かにその通り。あのときは自分が無自覚にスズキくんに「どんどんつなげていってもいいよ」と言っちゃったんだと思う。スズキくんはぼくの提案を全部やってみてくれるから。ただ、一心不乱に物をつくっていること自体が舞台として成立するかもしれないという発見には自信があったから、あるときは鍛冶屋を呼ぼうとしたこともあって。物をつくっているのはスズキじゃなくてもいいのか、という実験で。周りで演奏をしていれば、鍛冶屋とぼくらを交互に見られるし、音楽と関係ないタイミングで「カーン！」とか入るのも、おもしろいと思って。

原田　（笑）。

曽我　結局適当な職人が見つからなかったから、鉄とハンマーだけ用意して、客入れの時間にガンジーさんとスタッフの男の子にガーンガーンと叩いてもらったけど、お客さんは一瞬「お？」と思うけど、すぐ無視してざわざわし始めて。二人とも三〇分くらいで息が上がり始めて、「やってても意味ないっす」って。大失敗ということで却下になった。でも、ある職をずっとまじめにやってきた人の動きや佇まいそのものがすごく美しい小さなダンスであり、演劇であり、新しい舞台のきっかけになるという確信は揺るがないし、ぼくらはそこからつくったほうがいいと思う。

原田　いろんな職業の人が来てもいいってこと？

曽我　そう。それはずっと思っていて。

原田　へえー、おもしろい。

曽我　ガンジーさんも、コントラバス弾いてる様子が不器用だからか、物をつくっている職人さんに見えるときがあるんだよね（笑）。仕立て屋のサーカスが演劇だとしたら、ぼくは脚本家で、あの二人は看板役者。一番に見てほしい人たち。

原田　あの頃は、ＶＡＣＡＮＴでブッキングしていた大神（崇）さんがライブに誘ってくれたり、キチム★36にフライヤーを持ってきてくれたりと、すごく熱心で。演者だけじゃなく、スタッフもメンバーの一人、サーカスの一員になって動いているのがいいな、新しいなと思ったんだよね。彼らのきめ細かい動きがあってこそ、というか。そういうことを通してだんだんとチームになっていった、その創生期を垣間見せてもらったような。

曽我　郁子ちゃんは、二〇一七年一月に初めて新宿ルミネゼロでやったときにも来てくれたよね。そのときは楽しそうな顔だった。

原田　すごく変わっていてびっくりしたの。ライブというより舞台に近くなっているな、と。ＣＡＹのときはまだ音楽の中でどんな可能性があるかを実験しているように思えたけれど、ルミネでは天井からたくさん布が垂れていて、幻想的で。一日二回公演を何日もやったり、ゲストの方を迎えたり、お子さん連れのお母さんお父さんがぐんと増えていたりと、スケールも違った。ああ、現場を重ねていくにつれ、どんどんブラッシュアップされてきたんだなと。

　仕立て屋のサーカスは終演後がまたいいんだよね。ちぎれた布や紙吹雪、小さい楽器がそこら中に散乱していて、嵐が通りすぎた後みたい。その散らかったさまをお客さんたちはぼんやり眺めたり、写真を撮ったり、子どもたちが駆けまわっていたり。みんななかなか帰ろうとしない。余韻を味わっている感じが、なんかいいなあって。

出店もたくさん並んで、市場みたいで楽しい。初めて会った頃の大穂は、一人でふらっとどこかに行くとか、自分のペースで生きている人だと思っていたから、こんなにもたくさんの人とかかわって、コミュニケーションをとって、一緒にこの場をつくっているということにまず、うわー、すごい！ って。

曽我　（苦笑）。

原田　だからね、おもしろいんです。曽我大穂という生き物が変化していくのを、見るのは。あ、それはこっちも一緒か（笑）。私たち、まだ「人間未満」みたいな頃に出会っているからね。

もっといいやり方があるんじゃないかって、つねに考えるんだね。

曽我　仕立て屋のサーカスという名前でやっていくことになったときメンバーに伝えたのは、全員がフラットな関係で民主的にやっていきたい、ということ。客席はみんなで並べるし、お金もみんなで出す。ぼく一人の意見で進めるのでは、一〇〇年、一〇〇〇年続くようなおもしろいアイデアは出ないと思う。大勢のアイデアを積み重ねて強度のあるものをつくりたいんだ、と話して。

原田　一つのことを決めるのに全員の意見を聞くって、エネルギーがいるけど、すごく大事だよね。

曽我　そうだね。全員、重さも違うしね。でも一つひとつをみんなで積み重ねていくと、すごく遠くまで行けると感じていて。例えば、これはまだ実現していないけど、チケットも一〇〇円から一万円までの幅を持たせて売ってみたいんだよね。

原田　お客さんが値段を選べるってこと？

曽我　そう。ライブ会場に来る人の種類を増やしたいというイメージがあって。音楽ライブの観客って、どうしても同じ年代の人が増えるし、男の子が多いとか女の子が多いとか、チケットを買える層の人が多いとかになりがちでしょう。でもそうじゃなくて、お金持ちから学生や無職の人まで万遍なく来てほしいし、そういう多様な人たちがかもし出す雰囲気を受け取ってぼくらは成長していきたい。そのためには、いまのように一律のチケット価格では無理があるんじゃないか、もっと違う方法があるんじゃないか、って。

原田　もっといいやり方があるんじゃないかって、大穂はつねに考えるんだね。

曽我　いまのやり方は、必ずしもベストだから残っているものだけじゃないと思っていて。効率だけを重視しているのかもしれないし、もっといいやり方があったのに、運が悪くて消えてしまったのかもしれない。完全にいいと思うものにはもちろん手をつけないけれど、どこか違和感を感じるものについては、ベターなやり方を探していきたいと思ってる。

それに、お客さんの層の幅広さというのは、グループ自体の育ち方にすごく関係してくると思う。どんなお客さんの前でやってきたか、どういう客席の並びでやってきたか。大変だけど、そこを積み重ねていかないと、新しいところにはたどり着けないんじゃないかと思う。「まあ、ここはこの数十年このやり方で決まっているから任せて、中身だけ替えよう」とか言っても、結局中身が煮詰まって二進も三進も動けなくなるというか。

原田 いま聞きながらクラムボンのことを考えていたんだけど。既存のものを経験させてもらった上で、じゃあ自分たちならどうしよう？　と考えるところがあるかも。全体が良くなるために、個々を磨いている感じもある。みんなクラムボン以外のことも精力的にやっているから、しょっちゅう会えるわけじゃないけれど、大きくは、サウンド周りはミトくんがイニシアチブをとり、ヴィジュアル周りは私が進めていくというような役割分担が、おのずとできていて。最初に大まかな方向を確認し合ったら、あとは各自が納得するところまで詰めてから、メンバーみんなに「どうかな？」と見てもらったりする。パッと見てどうかという視点も大事だから。

曽我 ぼくらもそうなってきている。人数が少ないから兼任が多いけれど。というのも、民主的に五年間やってきた結果、スピードが遅くなっている気がして。あらゆるスピードを上げた結果、こういう世の中になっているんだとしたら、遅いほうを取りたいと思ってきたけれど、いまは前言撤回、もう少し速く進めるために役割分担をすることにして。

けどそれはやっぱり一時的で、チャンスがあればまた合議制にしたい。本来は全員が全部のポジションを把握しているべきだと思うから。分業にすると、他人事になりやすくなってしまうよね。俺は照明のことわかんないもん、じゃなくて、照明係が倒れたら即交代できるぐらいになっていれば、相手への提案がもう一つ上の段階で深くなるでしょう。一人の人にいろんな役割が与えられるというのは、人生と同じだと思うんだよね。一日、一年、一生というスパンの違いはあれど、役割が常に入れ替わることで集団は強くなると思うし、おもしろいものを思いつく確率も上がるんじゃないかって。

原田　そんなこと考えてるんだね。なるほどねえ。

一年かけて準備するようなことを、すごく頻繁にやってるよね。

曽我　人って、丁寧に細部を積み重ねていくと、それぞれがバラバラのおもしろい形になるんじゃないかと思うんだよね。その工程を省略すると、結局それまで誰かがやってきたような、似た形に収まってしまう。収まったほうが、一人で荒野を切り拓かなくていいから安心だよね。でも人はそれぞれ微妙に違って生まれてきているから、その違いを丁寧に積み重ねていって、自分の肩書きをうまく言えないぐらいの複雑な生き方をしているときこそが、その人にぴったりの状態なんじゃないか。「大穂さんって何の人ですか?」と問われて、「うーん、こんな形のいびつな形なんですよ。でもこれが自分はぴったしなんです」というのが理想としてある。

原田 うん。

曽我 人生には苦しいことも起きるじゃない? そういうときにも、複雑な形になっていれば「こんなに苦しいなら一回こっちに変形して楽しんでみようかな」とできる。仕立て屋のサーカスでは、そういうことを全部やってみたかったの。

原田 大穂たちは、一年かけて準備するようなことをすごく頻繁にやっているよね。あれ? こないだやったばかりじゃない? って。すごく意欲的だと思うけど、私はつい同業者の目線で見ちゃうから、大丈夫なの? と心配にもなる。大穂としては、もっとやりたいぐらいなの?

曽我 そうだね。能楽に興味があっていろいろ本を読んでいたら、能を作り出したときの世阿弥も、やっぱりすごい量をやっているんだよね。[★37] ジャズのビバップもそう。伝記を読むと、二、三ステージたっぷり演奏して、終演後別のピアニストの家にみんなで集まって「今日俺、このギグでこんな和音出したんだよ」とか言って朝までセッションしたり、アイデアを交換したりして、家に帰って起きたらそこで生まれた新しいアイデアをすぐ練習し、夜のステージで試すとか。そういうのを毎日繰り返して三、四年であの形になって、いまだに世界中で楽しまれている。とてつもない量をこなすうちに、どんどん力が抜けていくのかもしれない。体に染みついて、食器を洗うのと同じくらい日常になるというか。

ぼくもある年、年間二〇〇本くらいライブを入れたことがあったんだけど、慣れてくると身体が覚えていって、どんどん調子がよくなっていくのがわかったんだよね。今日浮かんだアイデアをすぐ翌日試せるという喜びもあって。

原田　うん。大穂はそうでも、メンバーのみんなはきっとそれぞれ生活とか、やることとか、考えがあるよね。

曽我　そう、だからいまのところ、動きやすくするためにコンパクトにする意味で、仕立て屋のサーカスはスズキくんとぼくの二人に戻そうとしていて。これまで色々積み重ねてきたけど、一回二人だけで成り立つ形を追求してみたい。そこにはゲストを入れるかもしれないし、二人だけでやるかもしれない。毎日やるイメージでつくってみたら、スズキくんもいまとは違うことを選びだすかもしれない。どんどん身体と対話して、身体と喧嘩しないような方法を見つけていきたいよね。毎日変わらず同じことを繰り返しながら、質の高い豆腐をつくり続けているお豆腐屋さんのように。

いろんな人と共演した後に、シンプルなところに新しさを見るというか

原田　仕立て屋のサーカスを観ていると言葉が浮かんできて、何かここにお話、ストーリーがあったらいいのになあと思うことがある。どんなふうに受け取ってもらってもいいよ、という世界だけれど、そこに一瞬、言葉がポンと鳴らされたら、立体的になったり具体的になったりして、また違った見え方が現れるだろうなって。民話とか、その土地に伝わる民謡とか。サーカスというくらいだから、喜劇とか、道化の時間があってもいいよね。子どもたちもたくさん観ているし。

曽我　お話か、そうだよね。ただ仕立て屋のサーカスはメンバーがそれぞれ離れたところで活動しているから、集まってまとまった時間が取れないのが弱点で。ぼくらはお話のプロでもないから、できるとしたらゆっくり公演を重ねる中で自然に匂い立ってきたお話をひょいっとすくい取ってみるとかかな。

初期の頃からずっとスズキくんにお願いしているのは、人として舞台に入ってきたぼく

やガンジーさんを、布を使って舞台の最後には人じゃないものとしてどこかへ送り返してほしい、ということで。

原田　へえ。

曽我　昔、旅をしていたときあちこちの村で見たお祭りには、年に一度山から降りてきた神様が村で過ごしてまた帰っていくというパターンのものがすごく多かった。そういうお祭りの原型のようなものを表現できたら最高だな、って。古い祭りって、見に行くと意外とのんびりしているんだよね。細部があいまいだし、やっているのも普通の村人たちだから、そんなにスムーズには進まない。

原田　御神楽を一晩中、何日にもわたってやったりするものね。そのうちにだんだんと夢と現実の境目がなくなっていくんだろうね。

曽我　うん。全体としてぼんやりしているんだけど、家に帰って振り返ると、なんかおもろいもん見たな、という。現代の舞台はダイジェスト的にエンターテイメントをつくるけど、それとは違うものだったな。

原田　美術家の小金沢健人くんをゲストに迎えたとき[★38]、とてもよかったなあ。前半は、小金沢くんも太鼓とか鈴で音を鳴らしていたんだけど、途中で脚立に上って、光を操り始めて。大穂たちはそれを感じながら音を出して、小金沢くんはその音を聴いてまた光を動かす。まるで宇宙が立ち現れたみたいな、すごい世界が生まれていた。

個人的なことで言うと、ガンジーさんとは、沖縄でのソロライブに飛び入りで入ってもらって、ウッドベースとピアノのデュオで演奏したり、二階堂和美さんのステージでサポートさせてもらったり。スズキさんとは「マームとジプシー」[★39]の舞台で、音楽担当と衣装担当として何度かご一緒させてもらっていて。改めて思うと、この三人のバランスって不思議だよね。三人の間にすごくスペースがあって、そこに入れかわり立ちかわり、いろんな人がやってくる。

でも一度、大穂とスズキさんだけ、というミニマルな編成になろうとするのも、わかる気がするな。いろんな人と共演した後に、シンプルなところに新しさを見るというか。

曽我　うん。いまのせいっぱいはこのへんだな、というのが見えてきて。それに、この間久しぶりに初期のビデオを見直したら、三人の動きと頭の回転がキレッキレだったのね。

原田　あはは。

曽我　見ているとわかるんだよね、もうあの頃とは違うな、って。どんどん遅くなっている。だから究極的にはぼくらは演出とか裏方に回り、誰かにやってもらうことで完成させたいなと。ぼくらを使っていると永遠に届かないのだとしたら、イキのいい若い子たちがぼくらが考える以上にスゴイところまで到達してくれるほうがいい。もうぼくらは入り口でモギリをやっていてもいいんだから。

なんでこんなにたくさんの布を、いま私は見ているんだろう。

原田　「なぜ布なのか？」が、形になってくるとおもしろいんじゃないかな。仕立て屋のサーカスを観ていると、いつもだんだんぼんやりしてきて、「なんでこんなにたくさんの布を、いま私は見ているんだろう」と思うわけ（笑）。そういえば自分も隣の人も、ここにいる全員が全員、服というものを着ている。これってなんだろう？　人間はいつから布を身にまとっているんだろう、とフォーカスされていく。まだ人間が動物に近かった頃は、動物の皮を剝いで、針と糸のようなもので縫い合わせ、寒さや暑さから身を守ってきた。いつからか、綿花を育てて収穫し、糸に紡いで織って布の状態にまでする技術を身につけた。布はいきなり完成したわけじゃなくて、発芽して、根をはって、育ったという植物の時代がある。そういう時間とか歴史がどこかに感じられるとおもしろいなって。

曽我　なるほど……。布って、身にまとうという役割もあるけれど、ぼくがスズキくんの動きを見ていておもしろかったのは、布自体の存在感なんだよね。布があることで風や空気の存在が見えること、布によって空間が遮断されること、光が当たったときのあの独特な効果……。スズキくんには空間全体に服をつけてほしいと伝えていて。郁子ちゃんが言ったように、布ってすごく古い工芸品でもあるから、歴史的な強度もある。布をハサミで切るとか結ぶとか裂くというのは、二〇〇〇年前の昔の人にも二〇〇〇年後の未来の人にも伝わるアクションだと思うしね。遠い先の人たちが見ても共感できたり、「ああ、好きだな、この表現」と思えるような強度を持ちたい。

原田　「そもそも」をみんなで共有できれば、もっと深いところにいけそうだよね。もしかしたら、スズキさん自身も解放されて、楽になるんじゃないかな。

曽我　人と布って長い付き合いだよね。みんな赤ちゃんの頃から包まれてきたから、肌に馴染んでいるし、柔らかいから傷をつけない優しさがある。永遠に形が変わり続けるから、子どもたちが楽しむ確率がすごく高い。日本はもちろん、フランスやスペインでも「この子、初めて二時間一度もぐずらずに楽しめました」という声をよく聞いたよ。それはきっとぼくらの力というより、あの布の感触と変化する形のおかげもあるんだろうなって。でも確かにまだ布についてもちょっと力技のところがあるね。無自覚というか。

原田　うーん。何かね、見つけられそうな気がするんだなあ。……あ、やっと話せたかも(笑)。初めて観たときからずっと思っていたんだよね。なんでこんなにも布なんだろう!?って。

曽我　布というより、まずはスズキくんの動きに惹かれたんだよね。この人はちゃんと目的があって動いている。そこがおもしろかった。ぼくらの音楽を無視してミシンの音が響いてくるとか。何かを必死につくることのみに集中している人が同じ時間、同じ舞台にいるという、そのことに。

　最近はサッカーも同じ舞台芸術だと思っていて。訓練を積んだ人たちが限られた時間と場所の中である一つの目的に向かって即興的に動き続けているのを、みんなで取り囲んで鑑賞する。あれって、即興舞台だよね。ルールはあるし監督もいるけれど、その場その場の判断によるから同じ形は二度と見られない。サッカーはスポーツというより、よくできた、いま最も成功している舞台芸術だと思う。

原田　究極の円形劇場。

曽我　そう。もっと言えば、最も成功したサーカスでさえあると思う。華麗なフィジカルプレイも、選手たちそれぞれの物語もある。バルセロナにいたとき見にいった試合ではつまらないシーンがたくさんあったけれど、夕焼けがすごくきれいで。スタジアム上部の安い座席だったから、相手チームのファンがビビりながら応援しているのとかもよく見えて、まるでコメディみたいだった。

原田　大穂はこんなことをずっと言ってるね（笑）。ライブが終わっても、「すごくよかったね、いえーい」ってことはあまりなくて、毎回のように反省会をやっていたり。いつも理想があって、そこに近づくにはどうしたらいいかを考えている。考えすぎなぐらい。でも、それが大穂たる所以なのかな。

【はらだ・いくこ】
一九七五年、福岡県生まれ。一九九五年バンド「クラムボン」を結成し、歌と鍵盤を担当。二〇〇四年からはソロ活動も展開、ソロアルバム『ピアノ』『気配と余韻』『ケモノと魔法』『銀河』を発表。対談は一九年九月四日、東京・吉祥寺のイベントスペース&カフェ「キチム」で収録。

【注】
★30 Clammbon 原田郁子、ミト、伊藤大助による一九九五年結成のスリーピース・バンド。九九年、シングル「はなれ ばなれ」でメジャーデビュー。ポップなメロディでありながら実験性にあふれる楽曲とライブパフォーマンス、独自の存在感で絶大な人気を集める。
★31 ポラリス オオヤユウスケと柏原譲（Fishmans／So many tears）によるロックバンド。坂田学（二〇〇五年に脱退）をメンバーに迎えた二〇〇一年、ミニアルバム『Polaris』でデビュー。ポストロックやレゲエ／ダブの要素や圧倒的なグルーヴから生まれる独自のサウンドが持ち味。
★32 珊瑚社スコーレ 沖縄県那覇市のフリースクール。初等部・中等部・高等部のほか、沖縄戦で学校に通えなかった義務教育未修了者のための夜間中学校がある。代表の星野人史は、自由の森学園の元校長。他者とのかかわりの中で自分を見つめ、納得できる「自分を創る」手助けをする場としての学校を新たに作るべく、一九九六年に退職、沖縄へ移住した。二〇二一年、南城市に移転予定。

★33　スーパーバタードッグ　一九九四年に結成した、永積崇、竹内朋康、池田貴史（現在は「レキシ」で活動）、TOMOHIKO、沢田周一による五人組ファンクバンド。二〇〇八年に解散。クラムボンとメンバーの多くは同時期に同じ専門学校に在籍、音楽家としてのスタートを共にした仲間でもある。

★34　二〇一一年九月一〇日、代々木第二体育館でのハナレグミのライブ「オアシス　YOYOGI DE 360°ステージ囲みまくって熱唱しまくっちゃナイト」は、アリーナに作られたステージを観客が三六〇度取り囲んで楽しむスタイルで行われた。「OASIS 360」の文字を象ったオブジェが無造作に転がり、アンプやモニターが花や植物で飾られた遊び心あふれる舞台装飾も、ライブを盛り上げた。

★35　「まるで、目の前が映画だった」「そこにあるすべてが、音楽だった！」——このとき原田が抱いた印象は、CINEMA dub MONKS のアルバム『Cinema, duo』のライナーノーツに克明に描かれている。

★36　キチム　二〇一〇年にオープンした東京・吉祥寺のイベントスペース&カフェ。原田の妹で写真家の原田奈々がオーナーを務める。

★37　能楽　観阿弥・世阿弥父子によって室町時代に大成されたと言われる古典芸能。観阿弥は、奈良時代から人気を博した「猿楽」や「田楽」などの民間芸能に歌舞の要素を取り入れるとともに音楽面も改革し、息子の世阿弥がそれをさらに「幽玄」を理想とする高度な芸術へと練り上げていった。「初めて見たのは薪能でした。あっという間に引き込まれ、あまりのおもしろさに衝撃を受けました。当時一歳半だった娘も食い入るように見ていた。時代を超えて通用する芸能としても、運営や表現の根本を考える上でも、とても参考にしています」（曽我）。

★38　二〇一九年一月一八〜二〇日、新宿・ルミネゼロで行われた公演。

★39　MUM&GYPSY　劇作家の藤田貴大が脚本と演出を手掛ける演劇団体。二〇〇七年設立。一二年より、オリジナル作品と並行して、他ジャンル作家との共作を発表。原田とスズキは一三年初演の「cocoon」からそれぞれ音楽、衣装担当として参加している。

別世界へ飛べる装置

小金沢健人（美術家）

2020・1・24

曽我大穂との出会いは二〇〇三年、大穂がまだバルセロナに、ぼくがベルリンに住んでいた頃のことです。「CINEMA dub MONKS」は当時四人バンドで、大穂とガンジーさんに加え、パーカッションとDJ、さらに写真家のモリ・ボッゾさんがマネージャーのようについていて、ときどきベルリンにライブに来ていたんです。ぼくも音楽にのめり込んでいたし、ベルリンのミュージシャンに声をかけて所属ギャラリーで開催中だった自分の個展会場でセッションをしたのが最初だったと思います。

再会したのは五年前です。京都精華大学で年に一度やっているワークショップのため京都を訪れた際、友人に「今日ライブがあるよ」と言われて。それがモンクスのライブだった。「あれ?」と思って、久しぶりに見に行きました。

二〇一一年の東日本大震災は、ぼくのベルリン生活に大きな亀裂を残しました。それまで何も考えずに暮らしていたのに、日本のニュースを求めてネットに張り付く日々。そこでネット空間の毒みたいなものにやられて、情緒不安定な状態が何年も続いていました。そんなときに大穂と再会したら、彼は迷いながらも非常に力強く前に進んでいた。その日は盛り上がって、明け方近くまで話し込みましたね。

「健《たけ》ちゃんは東京育ちだからわからないと思うけど、地方では文化に触れる機会なんて、全くない。ライブやクラブなんて都会だけ。あるのはチェーン店だけだよ。だから俺はいろんなところへ行って、大人だけじゃなく子どもたちにどんどん見せたい。若いうちに生で文化に触れることは本当に必要だと思う。本当は誰でも無料《タダ》で見られるべきなんだ」と語る大穂を見ながら、こういうふうにライブを無料にしちゃうっていうのもありなんだな、とすごく刺激を受けました。初めて会った頃の大穂はまだ若かったから、すごくエッジが立っていて勢いがあったけれど、久しぶりに見た彼はミュージシャンとしての円熟味が増していて、すごくいい音楽やっているな、と。そのときぼくはまだドイツに住んでいたのですが、彼の様子を見て、こういうふうにやるのはいいな、日本に帰ってもいいかなと思うようになりました。

その後一年ほど準備して、帰国しました。最初住んだのは広島県尾道市です。過疎化が進んで空き家だらけになった尾道では、タダで空き家をくれたりするんです。そういうところに若者たちが入り込んで、不思議なコミューンのようなものができていて、すごくおもしろかった。尾道に住み始めてしばらくした頃、大穂から「健ちゃん日本に帰って来たなら一緒にやろうよ」と誘われ、彼のソロライブで映像や音を使ったパフォーマンスをするようになりました。大穂としては自分が音を出さなくても、誰かが間を持たせてくれる状況はありがたかっただろうし、音とビジュアルでイレギュラーな要素が欲しくて呼んでくれたのだと思います。

金沢21世紀美術館から大阪のカレー屋さん、岡山の家具屋さん、お寺……本当にいろんなところでやりましたね。ぼくと大穂は、かっちりした構成が苦手で即興の自由を残しておきたいところが似ています。彼は一つのポップソングをつくることはできないかもしれないけれど、風でも犬でも、どんなものとでもセッションができてしまう。それはきっと音楽の原初の形であり、一つの理想形なのだと思います。

ぼくはほんの少しの期間ツアーしただけですが、ある場所でパフォーマンスをした翌日にはどこか別の場所へ行く、というのは理想の生活のように思えた。でもそのうちに、旅を続けていると、実は似通ったものしか出せないということがわかってきました。もちろん会場は毎回違うし、やる内容も微妙に違います。でもこればかり続けていたら、ある種の筋肉しか使えない体になっちゃうな、と思うようになって。一人でじっくり制作することでしか到達できないものもあるなあ、と。

だからガンジーさんと大穂がずっと一緒にやれているというのはすごいですよ。ガンジーのベースという安定したものがあるから、大穂もその上で心置きなく舞えている感じがあるんですよね。音楽の協働の仕方に、ずっと嫉妬みたいな憧れがあります。

「仕立て屋のサーカス」と初めてかかわったのは、二〇一五年、弘前の煉瓦倉庫での公演にゲスト出演したときです。すごくムードのあるおもしろい会場だったのですが、難しかったのが照明です。仕立て屋のサーカスには照明の渡辺敬之くんがいるでしょう。ぼくは経験上、音楽とのノリ方はわかっているし、音と音は重ねられるけれど、光に光をあてると真っ白になっちゃって難しい。色々話し合って、渡辺くんは電球、ぼくはビデオプロジェクターを使ってやりました。結果的にはすごくうまくいって、これはなかなかおもしろいグループだな、と思いました。その公演ではあまり出てこなかったけれど、スズキくんと話ができたのもよかった。彼も大穂と思想が共鳴する人だから、社会のことをすごく考えているんですよね。

そもそも、あの公演形態に「サーカス」という名前をつけたのが発明だと思います。ぼくが小学生の頃に「サーカス」と聞いたら、ライオンや象が出てくる「ボリショイ・サーカス」のようなものを想像しただろうし、高校生の頃に聞いたら、古臭くてダサい、と思っていたでしょう。でもちょうど変な意味で死語ポケットに入っているタイミングで、ひょいと「サーカス」を持って来て別のものにつけちゃったのがすごい。同様に「仕立て屋」もいいネーミングですよね。これが「音と布と光のサーカス」だと、やっぱりちょっとグッとこない。仕立て屋のサーカスという語感のノスタルジックな感じと、実際にはいわゆるサーカスではないというギャップがすごくおもしろい。「現代サーカス」の本場は南ヨーロッパです。フランス、スペイン、イタリア、ポルトガルあたりのジプシーが流入してきた地域で盛んに行われている印象があります。大穂は、音楽も生き方も、ジプシーっぽいところがありますからね。

仕立て屋のサーカスを主体となって駆動させているのは、やはり大穂です。彼を支えるガンジーがいて、その二人の間に時々シュッと入ってくるスズキタカユキがいるんだけど、彼だけがポリリズムの位置にいるというか。大穂とガンジーさんは同じリズムで音楽を演

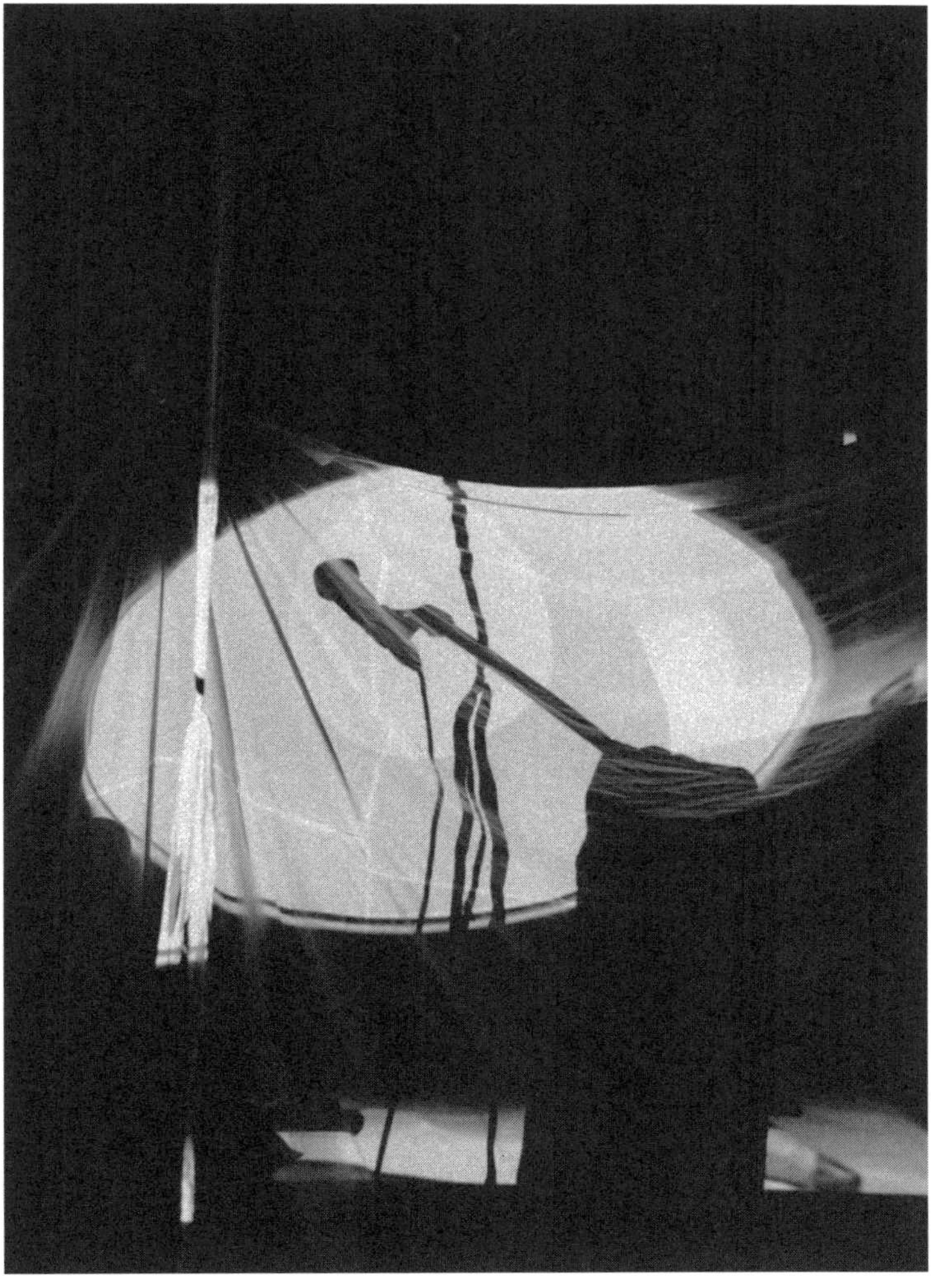

奏していて、渡辺くんもそのリズムに乗せてライトを動かしている。スズキくんだけが、変なリズムなんです。座ってダダダっとミシンを踏んでいたかと思うと、移動し始めて。その移動の速度が妙に早かったり。彼の作業は肉体労働であり、音楽に乗せる必要がないんです。

以前、ダンサーをゲストに迎えた回を見たのですが、ダンサーが音楽と同じリズムで入ると、風景に溶け込んで、肉体がそこにあるという違和感が失われてしまうと感じました。だから、客でもなく演者でもない、スズキくんの存在がおもしろい。最初、彼の存在を地味だと思っていたのですが、いやいや、実はあれが肝なんだと思うようになって。他のメンバーが音と光という実体のないものをつくっている中で、その実体のないものを受け止める物体を彼がつくっている。渡辺敬之くんのつくる光は、布がなければ当たるところがないんですよ。光の複雑さを出しているのは布だし、布のおもしろさを引き立てているのは、あの光なんですよね。

あの場でのスズキくんの一番大事な仕事は、空間の使い方だと思います。何度か布をぐいっと上げるシーンがありますが、あそこでお客さんたちの視線が動くんです。それまで下のほうで演奏している大穂たちに集中していたお客さんが、彼が布をばさっと上げると、わあっと上を見上げる。そこで空間全体が変わるんです。あれはまさに、サーカスで犬が曲芸をしているのを見ていたと思ったら、空中ブランコが始まって上を見上げるときの視線の使い方と同じです。空間の中でお客さんの視線を動かす、それがスズキくんの布のすばらしさだと思います。

さらにそこに渡辺くんが実に効果的な光を当てる。光が布に当たることによって、現象になる。スズキくんと渡辺くんの息がすごく合っている一方、ガンジーさんは全く関係なく一人演奏に没頭していて、それがまたいい。

布は主にシーチングで光は裸電球という、究極まで絞った素材を使ったことも、すごく効果的だと思います。ガンジーさんの頑丈なベースと、白い布と白い光という非常にシンプルな環境に、めちゃくちゃカラフルな大穂が踊る——この構造がやっぱり一番です。大穂は伝統芸能のようになってしまうことを恐れているし、本人たちとしては、破綻や波乱がないとやっている気がしないのかもしれませんが、この形は磨かれてきているから、観客としては安定感があるんですよね。

お客さんがステージを囲んでいるということを彼らは大事にしていますが、これは舞台としては最も理想的だと思います。観客が安住できない形なのです。視線が常に全方向と行き交っていて、誰もが見ていると同時に見られている。

空間全体、さらには会場の外の、出店者たちのロビーにまで世界が広がっているのも特徴的です。お店の並べ方や見せ方、導線にまで気を配っている。そのうち会場のどの入り口から入るのかとか、エレベーター内のことまで考え始めるかもしれない。そのぐらい、この世界に関しては、徹底的に非日常感を演出したいというのが彼らにはある。完全なフィクションとしての夢の世界を押しつけるのではなく、現実世界と地続きでありながら、空気感だけは別世界にする。あんなに自由に楽にしているのに、開演前は決してロビーの先のカーテンの向こうに行かせないとか。ピシッとするところとオープンなところのバランスが絶妙です。無味乾燥なオフィスビルのイベントスペースを、乾いた砂埃が舞っているかのような空間にまで持っていく。そうした気配りがやっぱりおもしろいし、そこまで演出したいのが大穂という人なのだと思います。

ジャズとか即興音楽の人って、ステージの開始十分前に来て会場をさっと見て、ウワーッと演奏して帰っていくじゃないですか。彼らにとって会場の雰囲気はどうでもいい。それはそれですごくかっこいいけれど、大穂の場合はキャリアの初期からずっと、その場の空気感を大事にしているところがある。

CINEMA dub MONKS の初期には舞台でスライドも使っていました。ビデオはピクセルが出てしまうし、冷たい、痛い感じがするのが嫌だ、スライドフィルムはあったかい感じがして、光が痛くないからいいんだと言っていました。ぼくもライブで照明をよく使うのでわかります。ビデオプロジェクタの場合、映像自体をどんなに変えても、光の質を変えることはできない。そういうことを彼は出会った頃から言っていましたね。

出店もいいですよね。彼らが厳しく選んだとてもいいお店だけが出ていて、旅する共同体のような感じがある。お客さんとスタッフにリピーターが多いというのも特徴的だと思います。ボランティアスタッフには、もう一〇回目です、とかいう人がざらにいる。普段は心を閉ざして違う仕事をしているけれど、仕立て屋のサーカス公演の時期だけは休暇をとって絶対に手伝いたい、という女性がいたり。会期中通しで来ちゃうお客さんもいっぱいいいる。あの空間と時間をすごく大事にしている人が多い。

一八歳以下が無料だから、子育て中の人が来やすい稀有なイベントでもあります。日本では、「忙しい中せっかく見に来たのに、隣で子どもが泣くなんて耐えられない」というクレームが出がちですよね。ヨーロッパではそういうクレーム自体がすでに過去のものです。子どもが泣いていても誰も気に留めません。ぼくにも幼い子どもがいて、日本の厳しい子育て事情にはいつも心を痛めていただけに、仕立て屋のサーカスがあれだけのびのびさせちゃうことには、拍手を送りたい。そういうところに居心地の良さを感じる人が集まってきてくれるというのは、いいなあと思います。

仕立て屋のサーカスは、目の前で起きていることを観ているうちに、自分の記憶と結びついて別世界へ飛べる装置だと思います。ガンジーさんと大穂が音楽で盛り上がっている最中にも、お客さんは違うところを見て、別のことを考えたりする。誰かを主役にするためのものではないんですよね。観ている人自身が主人公になって、妄想を膨らませるための装置、アンビエント的ですらある。そこが現代サーカスとして新しい領域だと思います。来た人みんなが何かを解き放っているじゃないですか。メインのものを観るとか、どの公演が一番良かったとかではなくて、仕立て屋のサーカスという環境自体が楽しい。本来、劇場というのはそういうものだったと思うんです。非日常空間に身を置くことを楽しむことに、劇場の役割はあった。

ぼくも幼い頃、クラシックのコンサートを体験して以来、その虜になった一人です。暗い客席にほんのり灯りが落ちている状態が好きで、小学生の頃、よく市民会館に入り浸っていました。大人なら映画館に行けば非日常を味わえますが、小学生がタダで入れるのは市民会館でやっている社会人オーケストラの発表会とか高校生のブラスバンド公演ぐらいでしたから。音楽はどうでもいいんです、遠くのほうで演奏している人にだけ灯りが落ちていて、客席が暗い、という状況が好きで。とくに演奏を始めるときの、音合わせの時間が大好きでした。バラバラな音が次第にフワーッとまとまっていく、あの感じがたまらない。あそこだけ集めたCDがあればいいのにと思うくらいです（笑）。

仕立て屋のサーカスにもそういう雰囲気があります。いつもの新宿南口のはずが、出店の料理を食べたりちょっと珍しい飲み物を飲んだりしているうちに、どこか行ったことない国にいるような気分になっていくんです。演奏中の音楽家たちに布が巻きつけられたり飾りつけられていく様子を見ながら、「これはなんだろう」という疑問がだんだん溶けていきます。会場は森のようにも祭りのようにも見える。その場所に集っているという一体感は失わないまま、ぼくらはそれぞれが自分だけの夢を見ているのでしょう。

【こがねざわ・たけひと】
一九七四年、東京都生まれ。武蔵野美術大学で映像を学び、在学中よりビデオによる映像作品の発表を始める。九九年よりベルリンに拠点を移し、世界各国で作品を発表。二〇一七年帰国。ドローイング、パフォーマンス、インスタレーションへと表現領域を広げている。個展に、資生堂ギャラリー「Dancing In Your Head」（二〇〇四）、神奈川県民ホールギャラリー「あれとこれのあいだ」（〇八）、丸亀市猪熊弦一郎現代美術館「動物的」（〇九）、神奈川芸術劇場「Naked Theatre　裸の劇場」など。Asian Art Award 2018 大賞受賞。インタビューは二〇二〇年一月二四日、東京・品川駅構内のレストランで収録。

野原に建てる自分たちの小屋

関根光才（映像作家）

2020・8・5

「仕立て屋のサーカス」の結成前夜、青山ＣＡＹの「CINEMA dub MONKS の音と布と食の大サーカス展」を見に行き、ステージに乱入したことがあります。踊り出したくなるような音楽だったので、つい……。彼らの舞台は極めてヨーロッパ的ですよね。観客とパフォーマーの境目がない感じを受けたので観客が絡んでいくのも普通かと思ったのですが、日本にはそういうお客さんが少なくて。ぼくは浮いてしまっていたかもしれません。

沖縄の俳優の友人を介して曽我大穂さんと出会ったのが、付き合いの始まりです。ぼくは彼らの感性が大好きで、すごい音をつくる人たちがいるなと思って、自分の映像作品にも参加してもらいました。

彼らの旅人的なところというか、何かを常に探している感じにシンパシーを抱いているのだと思います。ぼくにとっても旅は最大のインスピレーションの元です。先日大穂さんと話していたら、二人ともフランスの騎馬オペラ「ジンガロ」が好きだったことがわかって。サーカス表現というときのイメージの根っこも、もともとすごく近いものを共有している気がします。

仕立て屋のサーカスへのゲスト出演が実現したのは二〇一六年六月、VACANTでの公演でした。映像作家としてどんな形で参加しようかと話し合っていたとき、大穂さんが「今回は、能楽の『砧』をテーマにしたいんだよね」と言ったんです。え、なんで？　と聞いても、その理由はいつものようにぼんやりしていて（笑）。それならまずは「砧」をモチーフにした映像作品を撮ってみようということになりました。

世阿弥作と言われる「砧」は、こんな話です。ある九州のお侍が、訴訟のため京に上がることになった。残された妻は夫の帰りを待ち焦がれるうちに心がどんどん苦しくなり、その苦しさを衣服や布生地のシワを伸ばすための木槌である砧に込めて、ひたすらに打ち続けるが、今年も帰れないとの夫からの報せに絶望し、亡くなってしまう。三年後、帰った夫の前に妻の亡霊が現れ、恨み辛みを述べる——夢幻能、いわばレクイエムです。

この「砧」をモチーフに、ぼくは二つの映像を作りました。野原で三人の女性ダンサーが丸太に広げた布に砧を打ちつけている。規則的に刻まれる砧のリズム。次第に彼女たちは砧を持ち、布を抱えて舞い始め、その舞は狂気へと達していく。気がつけば家は壊れ、三人は消え、布だけが残っているという前編。そして、長い旅路の末、暗い森を抜けて帰ってきた男が野原にたどり着く。そこにはすでに女の姿はなく、彼女の匂いを残した布だけが落ちていた。男は懺悔の念に駆られながら布を纏い、静かに去っていく、という後編です。

公演ではこれらの映像を、スズキタカユキさんが設置したテントのような布に映しました。投影の最中にも布は切り裂かれていくので、映像は複数のレイヤーに映されることになります。最終的にはＶＪと映像作品の中間のようなものができあがり、すごくおもしろい体験になりました。[★40]

ぼくはＮＯｄｄＩＮ《ノディン》という社会活動系の表現をするグループにもかかわっています。政治的アプローチははるかに具体的ですが、各々が自分のアプローチを持ち寄り、そこに食も本も衣服もあるような形態は仕立て屋のサーカスに近いし、精神としては大穂さんとも近いところがあった。東日本大震災、そして原発事故は、日本の社会構造の問題に気づかされる大きなきっかけでした。普段ＣＭやミュージックビデオをつくっているいわば「メディア側の人間」であるぼくらが、ただ楽しいとかおもしろいという動機だけで、無作為に映像をつくってよい時代では、もはやありえない。エンターテイメント業界にいる者が声を上げていかなくては、大勢は変わっていかないのではないかと感じるようになったのです。

表現活動をしていれば、そこには必ず社会・政治的なアプローチが生まれてきます。欧米の美術館に行くと、ほとんどの作品に社会的なメタファーが読み取れる。日本はその点がすごく貧弱ですよね。社会的な表現をめぐる自由なディスカッションがほとんど行われないし、やろうとすると表現が極端になってしまう。表現者として生きていくことと社会的動物としての人間であることはニアリーイコールである。その意識が深く根付いている点も、大穂さんとぼくの共通点だと思います。

仕立て屋のサーカスの公演には、社会における多様性の重要性や、日の目を見ていないもの、社会の隅に隠れているものに目を向けることの大切さを伝えたいという気持ちがにじみ出ていますよね。マルシェの出店者一人ひとりがどんな思いで物をつくっているのか、公本を選んでいるのかといった背景にまで心を配っている。そうしたことの積み重ねが、公演全体の奥行きをつくっているように思いますし、彼らは、何もない野原に自分たちの小屋を建てるということを目指しているのではないかと思います。

【せきね・こうさい】
一九七六年生まれ。映画、広告映像、ミュージックビデオ、インスタレーションアートなどをベースとした映像演出を手がける。カンヌ国際広告祭ヤング・ディレクターズ・アワードグランプリ（二〇〇六）およびチタニウム部門グランプリ（一四）を受賞。監督作品に、短編映画「RIGHT PLACE」（〇五）、長編劇場映画「生きてるだけで、愛。」、長編ドキュメンタリー映画「太陽の塔」（いずれも一八）などがある。アートプロジェクト「NOddIN」でも創作を続けている。インタビューは二〇二〇年八月五日、zoomで収録。

【注】
★40　この映像は、二〇一六年八月五日に金沢21世紀美術館で開催された関根のゲスト公演でも使われた。

ほんの一瞬前までは、自分が絶対正しいと確信していたことでさえ、自分のからだの実感が納得しないときは、決然と否定し去る頼もしさ、この姿勢こそ真理を求めることにとって何より大切なことであろう。

——野口三千三（野口体操創始者）

多様なまま共にあること

スズキタカユキ

新しいものが生まれる予感

曽我大穂との出会いは、もう一〇年ほど前、ぼくがダンサーの鈴木陽平くんと原宿のVACANTでやることになった即興プロジェクト「ルノメーターズ」★41がきっかけです。舞台の雰囲気というのは音のイメージで決まってしまうところがあって、音楽の影響力は大きいと感じていました。そこで、即興的なことに対応できるような音楽家の方が誰かいないかと探していたとき、沖縄から東京に出てきたばかりの大穂を紹介されたのです。五、六回やったそのプロジェクトに何度か出てもらったのが、彼と何かをした最初です。

そのときは基本的に一人のダンサーに服を着せるということをやりました。舞台にはダンサーと大穂とぼくの三人だけ。ダンサーとはフィジカルなコンタクトが多くて駆け引きが緊密でしたし、大穂もいまよりさらにとんがっていて、緊張感のあるシュールなアングラな舞台といった雰囲気でした。

それに対して、その後レストランＣＡＹで開催された「CINEMA dub MONKS の大サーカス展」は、参加人数も多かったし、音楽が中心でお祭りのようなにぎやかさがありました。初めて参加したとき、ぼくは仕事の打ち合わせがあって行けるかどうかわからなかったのですが、「頑張ってみるから、とりあえずミシンは置いておいてね」と伝えていて。駆けつけたときには始まっていましたが、すでに演奏している大穂たちにその場のイメージでガガっと着せつけていきました。

何かを即興でつくることにあまり抵抗はありませんでした。もともとぼくは東京造形大学のグラフィック学科出身で、在学中にひょんなことから友人に誘われて一緒にやった展示で洋服をつくったのがこの世界に入るきっかけでしたから、ファッションとは、服とはこういうものだ、という既成概念がなかったからかもしれません。

大穂から「仕立て屋のサーカス」をやろうと声をかけられたときも、何ができるかが明確にわかっていたわけではありませんが、一緒にやることで新しいものが生まれる予感はしたし、流れに身を任せることでこそ感じられるものにすごく興味がありました。

ファッションデザイナーとして仕事をしていると、自分が表に出ることはほとんどありません。ファッションショーにしても、見られるのは服であってぼく自身ではない。「suzuki takayuki」の服はボリューム感や広がりのあるものも多いので、とくに初期のころは舞台や撮影の衣装として使われることが多く、ミュージシャンや俳優、ダンサーといった方たちとかかわる機会がたくさんありました。そうした中で感じるようになったのが、彼らへの尊敬と憧れです。

舞台に立つ彼らは日々、本番に向き合っていました。ぼくの場合は、展示会のために何か月もかけて少しずつ修正を加えながら、一着一着の服を完成させていきますが、彼らは常に本番という瞬間に向かって積み上げていき、修正がきかないところで勝負している。すごく強いなと思っていました。自分もそういう場に身を置いてみたら、物づくりにおける緊張感や選択の瞬発力を培うことができるんじゃないか、と。ルノメーターズはそんな動機で始めたのです。チケット代はとらずにドネーションで、見にくるお客さんには感想をもらうことで実験に参加してもらう、実験室《ラボ》のようなイメージでした。

CAYでの「CINEMA dub MONKS の音と布と食の大サーカス展」を含め、最初は人に即興的に服をつけるだけでしたが、仕立て屋のサーカス結成後は、その場で舞台空間をつくるようにもなりました。空間と身体の関係性とか、建築と衣服のあり方というのはよくあるテーマで、海外では建築家の方がファッションに携わることもあります。ぼくも服づくりと空間づくりは相互に深い関係があると思っています。「サーカス」の場合には、さらに時間的制約がある。あの時間内で複雑な構造の服をつくることは難しいので、どうしてもイメージや感覚を伝えることがメインになります。ぼくの仕事が空間にまで広がったのは、そのせいが大きいかもしれません。

物質と表層、嘘と本当

仕立て屋のサーカスでは、メンバーの中でもぼくは特に普段の仕事とは違うことをやっているんですよね。大穂にしても渡辺くんにしても、普段から表に出たり、依頼を受けて舞台やイベントで仕事をしていますが、ぼくはそうじゃない。そこへのギャップとジレンマ、不安は常にあります。でもだからこそわかるものもあると思っていますけれど。

それに、ぼくだけが「物質」をつくっている。そこも大きく違うところです。やっぱり「側」というか、見た目をつくる仕事だなと思います。大穂がやっていることのほうが、芯を食っているというか、本質に近いことができているのではないか。ぼくがやっていることはビジュアル的には強いけれど、下手をするとものすごく表層的に見られてしまう可能性がある。そのことへの恐怖が常にあります。ファッションは、油断すればすぐ表層に流れてしまうし、そう見られてしまう。それは必ずしも悪いことというわけではないけれど、短絡的に感じられてしまうのは喜ばしくはない。だからいつも必死です。本当に真剣に自分の考えていること、感じていること、伝えたいと思っていることに向き合って、ギリギリまで出し切らないと、嘘になってしまいますから。

何かを伝えるときに、変に演出したものである必要がなく、人が頑張っているところをちゃんと見せることがエンターテイメントとして成立しているところは、仕立て屋のサーカスのおもしろいところだと思います。スポーツでも音楽でも、必死に頑張っている人の姿を見て、元気や感動をもらうことってありますよね。それが「サーカス」でできたらいいなと単純に思っていて。こんなに変なことに頑張っている大人がいるのなら、まあ世界は悪くないかもと思ってほしい。だから仕立て屋のサーカスでは正直でいたいんです。

ぼくがなぜ布を使うのか。それはミュージシャンが楽器を使い、照明家がライトを使うのと同じで、ぼくにとって最も身近で自分の感性や意識が入りやすいものだからです。

布ってすごくおもしろいですよね。基本構造が何千年も変化していない素材ということだけでも驚くべきことだし、人間にとっておもしろい距離感と立ち位置にある、人とのつきあいの非常に長い素材だと思います。布を触ったことのない人は、いまの世の中一人もいないでしょう。それに、単一の物質を大量に使うという状況って、特殊ですよね。これが布じゃなくて木材だったとしても、狭い会場に木材がわーっと組まれていたら、びっくりする空間になる。単一のものを多く使うと違和感が生まれるのです。

布に執着しているわけではありませんし、仕立て屋のサーカスがどこへ向かうのかにもよりますが、やはりぼくはこれからもしばらくは布を使う気がしています。「人が物を一心不乱につくっている姿が美しい」という大穂のコンセプトの奥には、過剰な演出なしでも成立する美しさの本質が、そこにあるからだと思うんです。ぼくが木を切ったり鉄を打ったりしても、それはリアルにはならないし、美しさには到底到達できません。いまのぼくには布を使うことが自然だし、嘘のない自分の一心不乱な姿を見せるには、必要なことなのです。

ただ、それは仕立て屋のサーカスとして布を使っていくかどうかということとは別の話です。今回の演目にはぼくではなくて大工さんが出演する、ということもありうるし、その場合には布を使う必然性はなくなります。「サーカス」にはそういう可能性もあっていいと思っています。

言語外のヒント

仕立て屋のサーカスはいまのところ、リハーサルらしいリハーサルはしていません。そのぶん、話し合いをよくしています。「側」を決めてしまうとそこにとらわれて、細かい変化や自分の意識に対応しきれなくなってしまう。むしろできるだけ本質的なところでのすり合わせをし、事前に共有しておくことが必要で、だからぼくはみんなとなんとなく話し合う中で、自分的な「とっかかり」を探るようにしています。

語弊があるかもしれませんが、ぼくにはあまり「言葉」を信用していないところがあります。同じ内容を英語で言うのと日本語で言うのとでは、ニュアンスが微妙に違ってきますよね。使い手によって技量が違うし、うまければ気持ちが伝わるというものでもない。言語はあくまで道具《ツール》であって、意識や感情とは全然違うもの。だとすると、いくら言葉を駆使してミーティングをしても、本質的なところに近づくとは限らないのです。

だからぼくは、ミーティングで言葉や対話を重ねながら、その中で本番に向けての自分としての判断のとっかかり、きっかけを探るようにしています。とくに大穂はいい意味で正直な人間ですから、その日のコンディションや熱量が言葉や表情に如実に出るんです。今日はどんなテンションなのかを観察しつつ、自分の出方を見極めています。

ミーティングでぼくはあまり話の詳細を聞いていないかもしれません。言葉は関係がないし、そのほうが、「あのときああ言ったじゃん」みたいにならなくてすみますので。それよりもそのときつかんだ言語外の「とっかかり」のほうが信用できる。ゲストの方を迎えるときも、話をしながら、その人がどういう考え方をするのか、どこを大事にする人なのかを探っておくと、舞台上でイレギュラーなことが起きたとしても、どっちに振れるかが少し読めて、そっちに回り込める。

というのも、ぼくだけが物質をつくっているので、速度が遅いんですよ。音や光はバーンと即自的な対応ができるけど、布とはさみはどうしても遅れてしまうし、つくったものが残ってしまう。だから余計に敏感に感じ取れるようにしておきたいんですよね。

折り合いと変革

緻密にコンセプトを考えている大穂に対して、ぼくはわりとシンプルです。もちろん、運営の仕組みなどについては考えていますが、コンセプトは単純で。

一つは、多様性のある中で共存していくとはどういうことか、答えを見つけたいということです。いろんなものが混沌と存在する中でも折り合いをつけて共存していくこと。そのとき必要なのは、自分の意見や芯はしっかりとありつつも、他者を受け入れる、赦すということだと考えています。仕立て屋のサーカスの公演は、やっているぼくらにも何が起きるかわかりませんが、それでも形にしていきたいと思う。本番中にイレギュラーなことが起きたときに、それを受け入れて、自分のスタイルを保ちながらも形にしていける優しさと強さをどうしたら持てるのか。「なんでもあり」なようにどう変化していくか。それをいつも意識しています。

許容＝なんでもOKというわけではありません。ポイントは、自分としてどこまでは赦せるのか、それを探ること。自分自身を変化させながら、他者のおもしろいポイントを見つけて許容していく、それが多様性を認めて共存することだと思います。

お客さんには何をしてもいいと伝えていますが、途中で奇声を上げながら会場を駆けずり回ったという人は、実はこれまで一人もいません。もちろん、いてくださってよいのだけれど、ああいう「許されている場」では、それぞれが自分と周りの両方が心地よくいられるポイントを自然と探すようになるからではないでしょうか。規則がガチガチに決まっているところでは、人は思考停止に陥り、社会は成熟とは逆方向に向かいます。仕立て屋のサーカスのような場所が世の中にたくさんあって、誰もが無理なく自分と周囲の心地よいポイントを探したりつくっていくようになれば、社会はいまとは違った成熟の仕方をしていけるはずだと思うのです。

多種多様なものが芯は保ちつつ共存している世界を見せたい。お客さんが「共存」や「許容」へのヒントを感じてくれればうれしいし、そんなに大したものではなくていいから、自分の身近な人たちが少し喜んでくれたり、楽になるような何かを伝えたいと思っています。一番大切なのは、見に来てくれた人が何かを持って帰れるかどうかです。楽しかった、おもしろかった、明日も頑張ろう。それだけで十分な気もしています。彼らの幸せが連鎖していけば、社会は少しずつ変わっていくと思いますし。

何度目かの岐路

仕立て屋のサーカスでは、メンバー間で明確な分業制をとらず、全員がある程度全体のことを把握しつつ、自分たちの意識をすべてに反映させていくという方法をとっていて、それは基本的にはとてもよいことです。全員で共有することによって、新しいやり方やおもしろい展開が出てくる可能性がありますから。ただ、具体的な運営の仕組みについては、まだかなり改良が必要だと感じています。

みんなで全体を共有するとか、作品を突き詰めていくということと、効率的なグループ運営というのは種類の違う事柄で、同居させるのはすごく難しいです。全部を全部、自分たちだけでやろうとすると、やっぱり無理が出てくる。ぼくらにとって何が最も重要なのか。何をやらなくてはいけないのか。大事にしたいものに多少なりとも優先順位をつけていく必要があるのかもしれません。つまり、中には自分たちでやらずに、外部の方と一緒につくっていくという選択肢をとる場合もあっていい。それは、「共存」の考えにもつながります。一人の力でできることはたかが知れている。どうやって他者とコミュニケーションをとりながら、許容しながらやっていくか。そこにまた別の答えがあるかもしれませんね。

人は、すごく変わりやすいと同時に、変わらないものだとも思います。変わりやすいけれど変わらない人たちが集まって長い間一緒に何かをやっていくとき、何をきっかけに変化していくかは、結構重要です。ぼくはずっとそこを模索している気がします。

進化の反対は退化ではなく、無変化だと思います。だからどう変化し、させていくかが重要で。変化してよかったのか悪かったのかは、答えが出てみないとわかりませんし、五年、一〇年単位で見るのか、一〇〇年、一〇〇〇年単位で見るのかによっても、答えは変わってくるでしょう。
ぼくらはいま、何度目かの大きな岐路に立っていると感じています。ここでどう変われるか、真剣に向き合わなくてはいけない時が来ているのだと思います。

【注】

★41 Lunometers ダンサー・コレオグラファーの鈴木洋平とスズキが二〇一〇〜一一年に五回行った即興ダンスパフォーマンスプロジェクト。曽我のほか、澤井妙治（サウンドアーティスト）、田中徳崇（ドラマー）などがゲストとして参加した。

破壊の後に見える「美しさ」

西谷真理子（編集者）×スズキタカユキ

2020・1・30

西谷　本当に久しぶりですね。

スズキ　いやあ、本当に。初めてお会いしたのは、もう二〇年以上前ですよね。

西谷　一九九七年じゃないかしら。当時私は文化出版局の「装苑」★42編集部にいて、社屋建て替えのために移転していた渋谷区本町のオフィスに、まだ学生のスズキさんが資料を借りにいらっしゃった。

スズキ　映像関係の事務所のアルバイトスタッフをしていたんです。ファッションデザイナーがテーマのテレビドキュメンタリー番組の制作を手伝うことになり、とにかくファッションの資料が必要だからということで、西谷さんにお借りしにいった。あの頃は自分が洋服をやるとは思っていませんでしたね。

西谷　性格のよさそうな人だなと好感を持ったのですが、床が抜けるほど古い部屋に住んでいると聞いてびっくりした覚えがあります（笑）。東京造形大学のグラフィック科でしたよね？

スズキ　はい。よく覚えていますね（笑）。大学近くのボロ家に住んでいました。

スズキさんの中には「あの要素」があるんだ、と密かに思っていました

西谷　その翌年に、「展覧会をするので見に来てほしい」とご案内をいただいて。六本木の小さなギャラリーに行ってみたら、それが見たことのない服の展覧会で。クラシックなジャケットやシャツやコルセットなどの、古びているのに美しい服が一〇体くらい並んでいました。ボディにピッタリと着せているのですが、頭のあたりがぐしゃぐしゃで、よく見ると服もどこかがボロボロになっていたり、一部が焦げていたりする。だけど、あれは完全にファッションの展示で、ちょっと感動しました。

スズキ　画家の黒田征太郎さんや骨董商の戸田博さんらのギャラリーだったのですが、征太郎さんのファンだった友人がお願いしに行ったら、「ひと月ギャラリーを貸してあげる

から、好きなことをやりなさい」と言ってくださって、仲間たちと一か月ギャラリーに籠って制作し、最後の一週間で展示をした。それを見に来てくださったんですよね。

西谷　「装苑」はちょうどその年に大きな方向転換をしたところでした。六〇年代から七〇年代の初めまでかなりファッショナブルな雑誌だった「装苑」ですが、八〇年代以降は巻末に洋裁用の型紙をつけたりと、「手づくり女子のための雑誌」的なイメージになっていた。私は副編集長として、やっぱり「装苑」は文化服装学院で最もとんがっている人たちが注目する雑誌にしなくては、と主張して、アートディレクターも新しい人を起用し、リニューアルを図ったんです。編集長が理解のある方だったので、攻めた企画がどんどん実現できました。

　リニューアル号は九八年四月号でしたが、八月号からアートディレクターの坂哲二さんが自分の企画をやってみたいということで「装苑画廊」という連載がスタートしました。これはまだ誰にも知られていないけれど、これから出てきそうなエマージング・アーティストを二〜四ページで紹介するという企画で、翌九九年の一月号でスズキさんを取り上げたんです。

スズキ　そうだったんですか！

西谷　あの展示の作品はこの企画にぴったり、と思って。「画廊」を銘打つからにはと、写真家の筒井義昭さんに文化出版局のスタジオでバシッと撮ってもらって。一ページに一カット、四ページのぜいたくな企画でした。

スズキ　そうでしたねえ。最近、あの「装苑」のページを「すごくいい」と上げている海外の方のSNSを見つけたんです。何かを調べていたときに、たまたま検索に引っかかって、これぼくのだ！　と。すごくうれしかったです。

西谷　それはうれしいですね。スズキさんとはそういう出会いだったので、あのときの印象がとても強くて。その後、「商品」としての繊細でナチュラルな洋服をつくるようになってからも、いや、でもスズキさんの中には「あの要素」があるんだ、と密かに思っていました（笑）。

スズキ　そうですね。良くも悪くも、根本的には変わっていないというか、いまだにああいう意識はあるんですよね。まあ、いまはもう燃やしたりはしませんが。

西谷　そういうエッジィな要素を確認しつつも、とても気持ちのよい服づくりをしていらっしゃるので、よかったよかった、と思っていたんです。そして、手触りのいい、柔らかい感じの服が多い中でも、あるときからすごくしっかりとした、伝統的なテーラリングを取り入れたものを手掛けられるようになって、仕立て屋っぽくなってきましたよね。私がいまでも気に入っているギャバジンのクラシックなコート、あれを着ているとよく聞かれましたよ、「それどこの？」って。いまは次女が気に入って着ていますが。

スズキ　うわー、親子で着ていただけるというのはうれしいですね。

すべてが壊れた後に美しいものが出てくる

西谷　その後、二〇一二年に神保町の旧東京電機大学でトランスアーツ・トーキョーというアートイベントがあって。廃墟化した教室を使った、アートよりの演劇に参加なさいましたね。

スズキ　矢内原美邦さんの舞台関係で知り合った、ダンサーの山下彩子さんと舞台美術のカミイケタクヤさんと一緒にやった舞台「if name」ですね。

西谷　そこでスズキさんは、ミシンをガーッとかけながら何かをつくっては、舞台上の装置でもある木枠にかけていくのです。それを見て、縫うという行為が舞台と結びつくとおもしろいことができるんだな、と思いました。ミシンをかける音も印象的でした。

スズキ　なかなかシュールなイベントでしたよね。懐かしいな。

西谷　「仕立て屋のサーカス」を初めて観たのは、ＣＡＹでの公演だと思います。そのあと、京都で二回観ました。あのときはまだ「縫って」いましたね。ミシンをかけながら何かを縫い上げては、どこかにかけて、という感じで。

スズキ　そうですね。いまは旗を広げたりつけたり、いろんなことをやっていますが、当時はまだあまり空間づくりはやっていなかった。ＣＡＹでは会場装飾はあらかじめセッティングしておいて、始まってからは演者のほうに何かをつけていた。だからミシンを使って実際に「つくれる」時間が比較的ありましたね。いまは、もっとイメージや雰囲気をつくっている感じがします。

西谷　今回の東京公演（二〇二〇年一月二七日）を拝見して、すごく腑に落ちたんです。前半と後半が、すごく違いましたよね。前半は仕立て屋が演者に服を着せつけていく、空間をつくり上げていくという感じですが、後半は逆にそれを壊していく。

そして壊しているときのスズキさんが、もう形相が変わっているんですよ。いつもニコニコと穏やかなスズキさんの、怒りというか闇の部分、すべてをぶち壊すような気迫を感じましたね。でもそうやっていろんなものがバサバサッと裁ち切られた後に、何かすごく美しいものが出てくる。その流れが、今回の公演ではっきり見えた気がしました。

それまで私が観た公演には、演者にきれいに着せつけた後の動きがちょっとよくわからないまま何となく終わるという感じがあった。でも今回は、ミロコマチコさんの参加も影響しているのか、わさわささと何かをつくっていって、時が来るとふっと終わるというような、ある種サーカス的なストーリーがすごく伝わってきました。

スズキ　なるほど、それはおもしろいですね。

西谷　それに、今回はほとんど縫わずに裂いていたでしょう？　裂くというのも、九八年に初めて見た、あの焦げたり破れたりしていた作品とつながっている気がします。スズキさんはブランドとしてのきれいな仕事と、そうじゃないサーカスと、両方のベクトルで創作ができて、さぞや満足しているのではないかと（笑）。

スズキ　ああーおもしろいですねえ。ぼくの中では、初めての展示といまとで、感覚や感性はさほど変わっていません。もちろん、これまでの習得の蓄積がありますから、生まれてくるもの自体は違いますが。

ぼくには「ファッションをやっている」という意識は、実はあまりないんです。ただ、被服をつくっているという意識はあるし、被服の可能性は強く信じている。被服にはもっと幅があるのではないか。だから既存の価値観にとらわれず、どんどん発見していきたい。

学生時代にああいう服をつくったのは、あんなふうにボロボロだったり汚かったりするもの、無価値に見えるものの中にも、すてきだ、きれいだと思えるものが絶対にあるはずだという確信を持っていたからです。その確信はいまでも変わりません。ファッション界に身を置かせていただいてはいますが、ど真ん中にいるわけではないし、ファッションと被服が融和していくところにこそ、新しい価値観が生まれると期待している。

　時代は常に移りゆくものですが、同時に同じところにとどまろうとするエネルギーも働く。行ったり来たりしながら変化していきますよね。だからこそ、変化のタイミングにおける価値観がすごく重要で、その先の時代の進む方向を決定づけてしまう。

　ぼくは洋服とそれにかかわる人々の意識を、少しでもよい未来の方向に向かわせたいと思っているんです。仕立て屋のサーカスを見ることで、物をつくったり、価値観を少しでもシフトするきっかけが起きたらいいな、と。一八歳以下無料とか飲食が出店していることにもそれは表れていますよね。

キラッキラの布を使おうとは思いません。

西谷　それにしても、あの大量の布を用意するのは、大変でしょう？　単なる布にしか見えないけれど、スズキさんのことだからきっとすごく吟味されていますよね。しなやかで柔らかい布を使っているんじゃないかしら。

スズキ　そうなんです。実は何種類かの布を混ぜて使っています。シーチングを中心にローンも結構使います。[★43] やるうちに適正なものがわかってきて、徐々に変わってきています。

西谷真理子 × スズキタカユキ

西谷　薄くてかなり広幅な布ですよね。

スズキ　ぶわっと広がりやすいものを選びますからね。一度使ったらすべて廃棄してゼロから集めなおすということではなく、きれいなものは残して再利用しています。スペインやフランスなど海外公演で買った布も入っていますよ。

西谷　あの布が、ファッションショーで使われるようなピッカピカの特別にきれいな布ではなく、ちょっと粗末な感じがする（笑）ところがまたいいな、と思ったの。貧乏人のパーティーみたいで。貧しい中にも祝福しようという気持ちがすごくこもっている。

最後に現れた木々のように見える紐たちもとてもよかった。ライティングと一緒になったとき、なんて美しいんだろうと、うっとりしました。きれいな輝くオーナメントがぶら下がっているよりも、ずっと美しい。

スズキ　既存の価値観やものの見え方を変えたい、疑いたいというのがあるんですよね。ぼく自身の好みもあると思いますが、キラッキラの布を使おうとはあまり思いません。

西谷　いつだったか、チュールをつけたガンジーさんがバレリーナのようになって、それが全然似合っていなくて（笑）、笑ったこともあったんですけど、今回はだいぶ違いましたね。大穂さんには結び目のある廻しのようなものをつくっていって。毎回変化があるのですね。

スズキ　チュールを使う日もありますが、西谷さんがご覧になった日は、土着の祭り、儀式のような不思議なイメージを表現したくて、ふわっとした布よりはどっしりした布をメインで使おうと。ミロコマチコさんの存在も影響していますね。女性が入るのはとてもおもしろいし魅力的なのですが、危険性もあって。ふわふわした布ではファンシーになりすぎてしまう。だから今回は全体をややシャープに、どっしりした印象にもっていきました。

ファッションがそうであるように、ぼくが「サーカス」でやっていることは装飾的で、下手をするとすごく薄っぺらい、ちゃちなものに見えてしまいます。ぼくがちょっとでも手を抜いたり、さらっとやってしまうと、すべてが終わるという恐怖感がある。とりあえず必死に出し切って嘘の世界にならないよう、本番中もちょっとしたことにまで気を配っていて、ずっとバタバタしていますね（笑）。

西谷　バタバタしながら何しているんだろうと思っていたけど、そういうことを考えていらしたのね。

スズキ　音と光は高速ですが、ぼくがつくるのは「物質」で、速度が遅いんですよ。そのジレンマもあって。

西谷　確かに服はつくるのに時間がかかりますよね。

スズキ　今回二日間参加した画家のミロコちゃんも、一日目に時間の短さをすごく感じたのだと思います。意識の速度に手が追いつかないというか、音と光がどんどん先に行ってしまうことを感じたから、二日目は事前にある程度絵をつくっておいて、その場で選べるものを増やしていた。仕立て屋のサーカスの現場はいつも時間との闘いなんです。

ブランドの服づくりも、締め切りがあるので時間は決して無限ではありませんが（笑）、一つの完成形に向かってパターンを何度も引いたり直したりと時間をかけてつくっていく。一方、「サーカス」では、九〇分の本番中に何ができるかの勝負です。

最近判断の速度や精度が上がってきたのを感じますから、「サーカス」の経験は服づくりにも生きてきていると思います。パターン制作でも、よし、これだ！ という踏み込みの精度がちょっと上がったかなと。

サーカスじゃないのに、すごくサーカス

西谷　最近は海外公演もやっていらっしゃるけれど、内容は同じですか？

スズキ　基本的には同じなのですが、結果的に少し違うものになっていると思います。国内公演のお客さんは大穂やぼくのことを知っていたり、グループについての予備知識を持って足を運んでくださる方が多いのですが、海外の場合は、日本から「サーカス」という

名前の謎の人たちが来たから見にいこう、という感じで来られるので、リアクションが全く違います。おじいちゃんと孫が「動物が出てくるのかな」と期待してくる、なんていうケースも結構ある。公演中に紐を引っ張ったり、旗をわさわさ揺らしたりする人もいます。

国によってもお客さんの様子は違っていて。スペインの場合は、途中でわーっと拍手が起きたり、曲の盛り上がりに合わせて全体が高揚したりと、わかりやすく盛り上がる感じがあるのに対して、フランスのお客さんは、ちょっと難解な、含みのあるシュールな表現を考えながら見るのが好き。おもしろいですよね。お客さんの空気に、パフォーマンス自体も影響されます。

西谷　家族でフランスに住んでいたことがあるのですが、地方に行くと本当にさえないサーカスがいくつもあるのよね。お客は一〇人以下、芸ができずお払い箱になったような馬が、そこでは花形として出てきたりして(笑)。「サーカス」という語彙の範囲が広くて、「シルク・ドゥ・ソレイユ」のような洗練されたグループがいる一方で、そういうものもある。だから見たことのないものでも、お客さん自身が、どのあたりがサーカスなのかを、つかまえようとしてくれるのかもしれません。

スズキ　最近の国内公演には、本当のサーカス団員の方が来られることもあります。今回も、「いつもは剣を飲んでいる」という若いサーカス団員の男性が公演後に話しかけてくだって。「最初はどこがサーカスなんだろう、と思って見始めたけれど、最後には最近見たどのサーカスよりも、『サーカス』を感じました。フィジカル要素がゼロなのに、サーカスを感じるのはなぜなのか、すごく不思議でおもしろかったです」と言ってくださって、うれしかったですね。

ぼくらの公演は美術館などで行われるパフォーマンスに比べればエンターテイメント要素が少し強いかもしれないけれど、完全にエンターテイメントかと言われたら、そうとも言えない。不思議な位置ですよね。でもこういうなんだかわからないものが、もっといろんなジャンルで出てくるといい。誰かやればいいのにといつも思っています。

西谷　大穂さんのあの音楽も「サーカス」を想起させますよね。どこかジプシー的で、物悲しくもあり、とても美しい調べ。それがすごく合っているのだと思います。それに、仕立て屋というのは全世界どこにでもある職業ですよね。そう考えると、ミシンとか縫うという作業がもう少しあってもいいのかな。

スズキ　大穂とも話しているのですが、一度、五〜六時間やり続けるというのをやってみたいんです。それぐらいの時間があれば、縫って、切って、パターンを引くことだってできる。

西谷　古着を壊してもいいじゃない。

スズキ　そうですね、やってみたいですね。

布と建築

スズキ　布って、人の営みの近くに古代から形を変えずに残っている、とてもおもしろい素材ですよね。あの空間において布の力は、やっぱり大きいと思います。

西谷　そうですね。クライマックス近く、結ばれていた紐をばらしていくと、ああ、木だったんだ、とわかるところもすてきでした。あの林のように垂れ下がった布の紐に光が散らばっているシーン、本当にきれいでした。

スズキ　布があると光が当たりますからね。渡辺とぼくとの相乗効果はすごく高い。布だけでは凹凸が出づらいけれど、光があることで世界がぐっと引き締まりますし、光のほうも当たる物質があるから影が生まれる。海外では建築分野の人がファッションデザインをやることもありますよね。

西谷　日本でも「COSMIC WONDER」とか、「beauty:beast」★44のデザイナーは建築科出身ですね。

スズキ　ああ、そうですね。そういうのはおもしろいなと思います。初めてマドリッドで公演したとき、大学の建築科の学生たちが見に来ていて、構造的な感想を言ってくれたのがおもしろかったんです。支柱を建てて三角旗をテント状に広げているのですが、重力の関係で形がゆがむ、それがすごく美しいと。昨年バルセロナに行ったときは、大穂がサグラダ・ファミリアの建築のことを教えてくれました。ガウディは、模型を逆さにして重しをつけ、バランスを見るという実験をしていたそうで、何か近いものを感じます。

初期の頃は、ガンジーさんや大穂にだけ布をつけていましたが、それが広がってきていることを思うと、以前より空間への意識が高まっているのかもしれません。

西谷　違った文化圏の人が見るとおもしろいですよね。モンゴルの人とかにも見てもらいたい。

スズキ　たたむことを前提につくられているパオがヒントになる可能性はありますよね。いまは情報がグローバルに行き来しているので、モンゴルの人とも普通に議論ができそうです。

洋服にとって、いまはいい時代だと思います。

西谷　二〇一四年に引っ越された北海道の生活はどうですか？

スズキ　時間の流れが圧倒的に違います。ぼくの住む根室市内は集落としてはある程度まとまっていますが、街にある東京の大手資本はセブンイレブンとコープぐらいです。それから人工物が少ない。車で五分走れば、大自然以外何もない空間に出られる。そういう環境では、思考が目先の細かいことより、もっと長いスパンでの大きなことに向かいやすい。物づくりにおける時間感覚が変わってきているのを感じます。

あと、大型の野生動物が多いんですよ。エゾシカやヒグマがいますし、鳥もタンチョウやハクチョウ、オオワシなど、大きいからちょっと怖い。森を歩いていて至近距離でエゾシカに出くわすと命の危険を感じます。冬は外に長時間いれば死にそうになるし。生への意識が変わります。仕事の関係で東京と行ったり来たりなのですが、情報の種類が違うのでいい意味のリセットができています。根室ではとてもいい経験をさせてもらっています。

西谷　ぜいたくですね。そういうことができる人はとても少ないのではないですか。

スズキ　少し前なら難しかったでしょうね。でもいまはネットがあるし、航空券も安くなっているので、移動が苦にならない人ならどこでも仕事ができるのではないでしょうか。

西谷　確かに、ファッションでもCOSMIC WONDERが京都の美山に拠点を移したり、山里で服づくりを始めた人もいます。

こういう時代ですから、華やかなパリやミラノのようなファッションショーの世界とは対極のところで服をつくっている人も出てきています。その山里で服をつくっている「ｉａｉ」の居相大輝さんは二〇代です。京都の福知山の古い農家を借りて、パターンを引かずに、その日の気分に従いながらボディに着せつけては制作を進めていく。一日に三着ほどつくり、一〇〇着できると販売会をさまざまな場所で開くそうです。福岡を拠点にする「途中でやめる」の山下陽光さんもおもしろいですね。Ｔシャツや古着のリメイクなのですが、すごくセンスがいい。彼は服がまとまると通販で売る、というスタイルです。

彼らにとって、それは「ファッション」なんです。既存の工程を踏まず、つくり方も売り方もすべてを自分で「デザイン」していく。服が飛ぶように売れる時代じゃないからこそ、かえって独自の方法が現れてきて、おもしろいことが日本では起きているのかもしれません。欧米ではファッションシステムが強固に存在していて、そこに乗れなければ服とは呼べない、という感じですが。

スズキ　ぼくが服づくりを始めたころは、ベルギーファッションの人たちが出始めた前後で、もう少しインディペンデントなデザイナーもいたし、新しく何かが出てくる予感があったけれど、いまのメインのファッションショーには巨大資本が入っていて、バイヤーに見てもらうというよりは、完全にＰＲショーになっている。ＰＲショーの評価で、ブランドのステイタスや売り上げが上がるというか。もはやシステムが別物になった感があります。でも、そうした中でも全く違う、新しい可能性や価値観が出てきているというのは、おもしろいですね。

西谷　本当になんでもありな状況です。居相大輝さんはもともと東京消防庁の消防士で、東日本大震災のとき気仙沼の消火活動に駆り出され、人の生命に向かい合いながら、自分が本当に好きなことをちゃんと仕事にしていくべきだと思うようになったそうです。ファイアーストリートの消防署で働きながら、山縣良和さんが主宰する「ここのがっこう」に通ってファッションを学んだあと、ほかのブランドを経て独立した。

もちろん、海外の学校を出てパリやロンドンのブランドで修行し、帰国後にブランドを始めるという従来のルートを踏む人もいますけれど。

スズキ　おもしろい時代なのかもしれません。服が売れないと言われますが、実は洋服にとっていまはよい時代だと思います。これまでが売れすぎだったのであって、需要と供給のバランスが適正になってきている。ここからおもしろくなる可能性は大いにあるのではないでしょうか。

ぼくは日本ならではの洋服観、ファッション観がもっと出てくればいいと思っています。わかりやすいジャポニズムとかヨーロッパへのカウンターカルチャーということではなく、もっと自然な、日本人の被服感覚がいまのファッションに表れてこないかな、と。仕立て屋のサーカスには、そういう意識や価値観も表れていると思います。壊していった先に何が残るのかについては、常にどこかで考えているので。

ファッションを知っているからできること

西谷　二〇一九年末、ロームシアター京都公演があった「お寿司」の「ボロレスコ『菠稜《ハロー》心中《しんじゅう》』」という芝居を見ました。「お寿司」は、衣装作家の南野詩恵さんが二〇一六年に立ち上げた団体です。南野さんは、大学時代に演劇を始めて衣装づくりや俳優を担当して、卒業後にファッションの専門学校に通って服づくりを学んだ方なんですね。その後は衣装作家としてキャリアをスタートするのですが、あるとき自分で全部やってみたい、と演出家になる。

服飾学校で勉強した人が手がける演劇と聞くと、すごい衣装が出てくるんじゃないかと思うけれど、この作品は全然そうじゃないんですね。衣装で一番おもしろかったのは木製の手です。文楽人形の手だけを拡大したような指の動く木型をダンサーが装着するのですが、ダンサー自身は全く踊らずに、黒子が支えていて。それを見ながら、ああ、この人はファッションを勉強したからこそできることをやって、自分を解放しているんだな、と思いました。山本耀司さんの「身体の夢」展に出てきた一九九一年秋冬の木片と蝶番でつくられたベストとスカートを連想しましたが、この手は実際にダンサーの身体の一部になるところがすごかった。

仕立て屋のサーカスも、suzuki takayuki のデザイナーがやるのだから、さぞすてきな衣装が出てくるかと思いきや、スズキさんが舞台ですることといえば、切り裂いて、結ぶだけ。でもそれだって、布の性質を熟知しているファッションの人だからこそできることなんですよね。売って人に着せようと思うと非常に限定されてしまいますが、ファッションにはもっといろんなことができるのだ、と改めて気づかされました。

スズキ 仕立て屋のサーカスに西谷さんがどんなご感想を持たれるかはちょっと気になっていたので、そう言っていただけてホッとしました。ファッション関係の何人か見にきてくださっているようなのですが、なかなか感想を伺う機会もなくて。

西谷 ファッションの人たちも頭を切り替えてほしいですよね。どうしても「服とは」という視点から見がちですから。

スズキ ファッションにしろ舞台にしろ、仕立て屋のサーカスが、既存の意識を少しでも広げるきっかけになっていれば、うれしいです。

【にしたに・まりこ】

一九五〇年生まれ。東京都立大学フランス文学科卒。雑誌「装苑」「high fashion」(文化出版局)の服編集長を経て、「high fashion ONLINE」のチーフエディターに。元京都精華大学特任教授。編著に『感じる服 考える服:東京ファッションの現在形』(以文社)、『ファッションは語りはじめた』『相対性コム・デ・ギャルソン論』(共にフィルムアート社)など。対談は二〇二〇年一月三〇日、東京港区の suzuki takayuki アトリエで収録。

【注】

★42 装苑 一九三六年創刊、文化出版局のモード系女性ファッション誌。毎シーズンのコレクション紹介、人気アーティストのコスチュームや舞台衣装など、最新のファッションカルチャーを多方面から発信している。

★43 シーチングは薄手の平織生地で、粗くざっくりした風合いと通気性があり、衣服の仮縫い生地として使われる。ローンは同じ平織りでもより柔らかく、滑らかな肌触り。女性用のシャツやブラウスによく使われる。一方チュールは、多角形の網目を持つネットのようなレース地。

★44 COSMIC WONDER は、京都精華大学建築学科出身の現代美術作家・前田征紀が主宰するブランド。「精神に作用する波動」としての衣服、美術、書籍などその表現方法は多岐にわたる。現在、京都北部の里山を拠点に活動している。beauty:beast は摂南大学土木建築学科出身の山下隆生が設立したファッションブランド。広範囲のジャンルを手がけている。

すべてが溶け合う循環型の舞台

納谷新（建築家）

2020・1・26

「仕立て屋のサーカス」の公演は音楽は音楽、照明は照明、布は布、と分かれておらず、すべてが溶け合っていくような感じがあります。光が音楽と溶け合っていき、音楽はハサミの音と溶け合い、ハサミの音はまた布と一体になり、その布が光と混じり合っていく……そうした循環を強く感じますし、それがすごく心地いい。

建築では、どうしても外部と内部をきっちり分けざるを得ません。でもそのラインは、どこかで区切らなければ生活ができないからつけているだけでしかないと思うのです。ぼくはその境界をなるべくぼかしたくて、外と中の仕切りを感じさせない家づくりを心がけている。その意味で、彼らの溶け合う感じには憧れます。

仕立て屋のサーカスのそういう不思議な循環を大事にするとしたら、いまスズキタカユキさんが布でつくっているテント状の造形は、もしかしたら別の形でもいいのかもしれない。直球でサーカス、という形ではなく、サーカスの気配を感じさせるようなものだったら、もっと溶け合うことになるのではないか。以前、伝えたことがあります。仕立て屋のサーカスでスズキさんがつくっているものを見ていると、もうちょっと建築になれるんじゃないか、と。

設計は毎回新しいです。場所もクライアントも違うし、別の作品を見たクライアントに「あれと同じような家をつくってほしい」と言われても、同じ家は二度とはつくれません。家は人が生活をする場なのであまり突拍子もないことはできませんが、やっぱり何か驚かせたいとはいつも思っています。あたたかみがありつつ、ちょっとした遊び心を潜ませるというか。

仕立て屋のサーカスは予定調和ではない即興のおもしろさも魅力ですね。建築においても、その場での設計変更というのはよくあることです。現場に行ってみて、思ったような光の入り方じゃなかったとなれば、窓の位置をその場で変えることもあります。設計変更は役所にも届け出なければならないし、時間が余計にかかって簡単ではありません。でも人が住む場所としてずっと残る家は、やっぱり快適なほうがいいですから。どんなことをしてでも変更します。

リノベーションなんて、変更だらけですよ。現場は、まるでセッションのようです。解体してみて初めて「ああ、こうじゃなかったのか」とわかって、一からやり直すこともあります。築一五〇年の民家ともなれば図面は皆無ですし、すべてその場で判断していかなくてはなりません。

古い住宅のリノベーションにおいて最も重要なのは、何を残すかということです。まるきりきれいにするのは簡単ですが、それでは意味がありません。よいところを残しつつ、新しい技術を加えることで構造を強化したり性能を上げていく。その二つをどう一つの空間で噛み合わせていくのかを考えます。残し方の塩梅をどうするか。残しすぎても変化は感じないし、新しすぎてももったいない。新しいところがあるから古いところが引き立つし、古いところがあるから新しいところが引き立って、空間全体の印象が変わる。それがリノベーションのおもしろさです。

彼らのサーカス感や溶け合う感じは残したままで、どこかこれまでとは違う変化が加わったら、きっとさらにおもしろくなるだろうと思います。

【なや・あらた】

一九六六年、秋田県生まれ。芝浦工業大学卒。兄の学と共同で「納谷建築設計事務所」を設立。住宅の新築・改築を中心に、商業施設や集合住宅も手がけている。対談は二〇二〇年一月二六日、神奈川の納谷邸で収録。

あの場所にいられる

植田浩平（書店主）

２０２０・２・５

曽我大穂さんたちとかかわるようになったきっかけは、一〇年以上前、青山のＣＡＹで開催された「CINEMA dub MONKS」のライブを観に行ったことです。大学卒業後、出身地のつくばに戻り、ＣＤ屋でバイトしながらイベントの主催を始めた頃で、東京近郊のライブに出かけていってはよくミュージシャンに声をかけさせてもらっていました。あわよくばつくばでのイベントに誘えればいいな、と。モンクスはややとっつきにくい印象だったのですが、会場に入ってみたらすごくおもしろくて。ステージじゃないところに突然ゲストミュージシャンが現れて演奏を始め、そこにガンジーさんが入って来るとか。こちらの気持ちを崩す会場の使い方がされていて、興奮しました。

終了後、迷わず声をかけに行きました。大穂さんに「つくばでライブをやってほしいんですけど」と言ったら、「ああ、いいよ、すぐ行くよ」と返ってきて。えっ、マジかな？と半信半疑だったのですが、やりとりするうちに本当に来てくれることになったんです。

つくばで三日間、映画監督とコラボレーションするという妙な企画に出てもらったときのことです。おもしろいことをやりたいという気持ちだけが先走ってしまって打ち出し方がうまくいかず、人が全然入らなかった。どうしよう、全然ギャラ渡せなかった……やっちまったーと落ち込んでいたら、大穂さんから電話がかかってきて「いやあ、よかったよ。意味のあることをやったと思う」と言ってくれて。あれには驚いたし、ものすごく救われました。あれ以来です、大穂さんから言われたことはどんなに無茶なことでもやる、という感じになったのは。

最初はただ呼ばれてライブを見て感想を言うだけでしたが、「CINEMA dub MONKS の布と音と食の大サーカス展」の頃から、出店者として参加するようになりました。ＣＡＹの人たちも乗り気だったし、いろんな演者の方とも仲良くなれて楽しかったです。まだ不定形で、すげえもん見たな、という日はみんなが高揚していました。

当初はライブの要素が強かったのでお客さんはほとんどが音楽ファンで、声を上げて盛り上がったり踊り出す人もいたりと、反応がダイレクトでした。それがある回にスズキタカユキさんのファッションショーのようなことをやったら、ファッション関係者だらけになったので、びっくりしました。「仕立て屋のサーカス」結成後は、より業界関係の人が増えましたね。VACANTという、当時の最もヒップな場所を拠点にできたのは大きかったと思います。おもしろいことを探している敏感な人たちが、吸い寄せられるように集まってきました。

パフォーマンス自体は結構ムラがあって、いつも初日がダメなんですよ。二日目以降、すごく工夫するからみるみる良くなっていくのですが。そこもおもしろいですよね。一度、彼らの記録映像に、ぼくが「ああ、もうダメだ、今日は見られない」と呟く声が入っていたらしいんですけど（笑）。

仕立て屋のサーカスがグループとして定期的にVACANTで公演を打ち始めてからのしばらくは、実はぼくにとっては辛い時期でした。業界のプロがたくさん見にくる中で、自分が店としてやっていることの中途半端さを感じ、いつ首を切られるだろうと不安だったのです。だって、飲食はともかく、本なんて別になくてもいいもので。「本屋のあいつ、なんでいつもいるんだろう？」と思われているだろうし、ぼくの本を集める技術もまだ未熟で出たとこ勝負のものしか持って行けていなかった。そういうヒリヒリした危機感があったから、その時期は公演があると聞くと、「俺、出店できるけど、どうですか？」と自分から申し出ていました。大穂さんがピリピリしていて怒られることもあったし、二日目に会場に着いたら、本のブースが縮小されているなんてこともザラにあって。そりゃそうだよな、ぼくもこんな感じだし仕方ないなと思っていました。

あるとき、四日公演のうち、初日と最終日だけ出店すると伝えたことがありました。そしたらスズキさんが「なんだ、来ないんだ……」と言ってくれたのです。スズキさんはそういう意味で言ったわけではないでしょうけれど、ぼくとしては出店する以上は全日程行ったほうがいいんだなと気持ちが固まって。そこから意識が変わってきたんですよね。

毎回出店していると、メンバーとの間に信頼が生まれる。もはやただの出張販売じゃないというか、自分はここにいてもいい、仲間なんだというような気持ちも芽生えてきて。その頃から自分の出店自体も充実していったように思います。

仕立て屋のサーカスの出店は、ただ現場に来て、モノを売ったら終わりというのではありません。非効率かもしれないけど、数値化しづらい精神的なところまで共有しないとうまくいかない。逆に言えば、その現場、当日のノリを読む工夫を重ねているからパッと集まってもできるのだと思います。

外から見るとすごくしっかりした公演の打ち方をしているのに、中身はいつもバタバタしているところにも、すごく惹かれます。あるとき気がついたんですよ、装飾から設営まで、ぜんぶ当事者が手でやってるんじゃん、これって結構すごくないか？　って。身の丈を保ちつつ、大きなことを実現させている。真似してできることではないと思います。出店者たちだって売上だけを目的にするのなら来ないし、ただ公演を見たいからだけでもない。もっと大きな意味であの場所にいることを大切に思っているから、出店している。

ぼく自身、担う役割や場所は日によって変わるけれど、あの一団の一員なんだという意識が、いまはあるんです。あれほどの規模の催しに自分のような者にも役割があると思えるのは、本当にうれしい。それが彼らとかかわり続けている一番の理由なのだと思います。


【うえだ・こうへい】

一九八三年、千葉県生まれ。明治学院大学卒業後、茨城県つくば市でCDショップ販売員やフェス運営アシスタントを経て、PEOPLE BOOKSTORE をオープン。古本を中心に新刊、リトルプレス、CDなどを扱うとともに、イベントやライブの運営も行っている。インタビューは二〇二〇年二月五日、PEOPLE BOOKSTORE で収録。

頭でわかるのではなくて、本当は身体でわからなければだめなんですから、一番いいのは自分でやってみることです。（…）そしてその特徴を身体で理解するうちに、自分たちの既製の耳のシステムとははずれた音が出てきても、それを不愉快だとか、狂っているというふうには受けとめないで、そこにある美しさというのはなんだろうか、と考えるようになるのではないか、と思います。

——小泉文夫（民族音楽学者）

「すみっちょ」を楽しむレッスン

ガンジー

ぼくがコントラバスを始めたのは大学在学中、二四歳の頃です。音大出身でもないし、楽器に関しては完全に独学です。

沖縄では、ジャズの人もハードコアの人も、みんな同じライブハウスに出るのです。東京なら例えばラテン音楽だけでも一つのコミュニティがつくれますが、沖縄ではそれは無理です。人が少ないから、ミュージシャンの貸し借りが起きる。ベースはだいたいジャズの人に頼むことになるし、ピアノなんて、クラシックの人に譜面を書いて渡したり。ぼくはなんでもやりたいタイプなので、それがちょうどよかった。東京のような大きな街にいたら、きっと曽我大穂と出会うことはなかったと思います。

沖縄で大穂たちと「CINEMA dub MONKS」を組んで一年ほどが経ったとき、大穂が「どうも埒があかないから、海外に行きたい」と言い出して。なんのつてもないのに、スペインのバルセロナに行ってみることになりました。当時、ぼくは予備校講師の仕事をしていたので、春休みの時期に一か月休みをとって。行ってみたら結構人気が出て、そのまま残れば売れそうな感じになった。いったんみんなで帰国しましたが、翌年の夏頃から、仕事を休めないぼくの代わりに東京のベーシストの方を入れて、また半年ぐらい行っていましたね。最後の二か月ほどは、ぼくも再び参加して。帰国後はまたずっと沖縄で、たまにライブをやるという日々が続きました。

大穂とやるのはおもしろかったです。アドリブ演奏に強いし、オリジナル曲でジャズをやる人と通じるところがあるので、違和感はありませんでした。畑違いで基本的に相性は良くないはずなんですが、でもなんか続いていますね。

ぼくにはこだわりがあんまりないんです。自分から「これをやろう」と人を誘うわけでなく、話がくれば、「じゃあやってみよう」というタイプで。いまのところ嫌な人と当たったことはありません。やってみると何でも楽しいんですよ、音楽って。

大穂もスズキくんも渡辺くんも、舞台や映画、サーカスなどいろんな総合芸術を観てきているけれど、ぼくは全然観ていなくて、造詣が深くない。考えるのは、出し物とは何か、どうあるべきか、お客さんは何を楽しみに見にきているのかということばかりです。ぼくは音楽のコンサートには行くので、音楽ならどうすればおもしろく感じるかはなんとなくわかります。でも「仕立て屋のサーカス」を客観的に見たことがないし、通常のサーカスとも全く違うので、参考にしようがない。ずっと考えてはいるけれど、答えは出ていませんね。そんなに簡単に出るものでもないでしょうけれど。

足を運んで観に行くことはあまりしませんが、本は読みます。伝統芸能の成り立ちを書いた本は、参考になるような気がするんですよね。多くの芸能は、「河原乞食」が野外でやっていた芸を見る人が出てきたところから始まっているし、音楽家も、不遇な人が生活のために始めることが多かった。そういうことをよく考えるんです。音楽とは何か、といった哲学を描いた本もよく読みます。なんとなく弾いているんですけど、どこかに哲学を携えていたいのかもしれませんね。

仕立て屋のサーカスでは、多様なものの見方を提示できたらいいのかなと思っています。ぼくのおもしろいと思うポイントって、あまりに小さくて、他人に言うことじゃなかったりするんですよ。公演の最中、音がだんだん下がっていってほとんど消えたようなところで、スズキくんがチョキンとはさみを鳴らしたとか、布をシューっと裂く音がしたとか。[★45]なんちゃあないことですよね。でもそれを「ああ、こういうの美しいなあ」と思うんです。それを「ほら、ここがおもしろいでしょう?」と全員にわかるようにはっきりと提示するやり方もあります。現代のエンターテイメントの多くはその方法をとっているし、誰が見てもわかることを徹底したハリウッド映画やディズニー作品は、すごいと思います。でもそれはどうもしたくない。できないですし。だって、見ている人自身が偶然見つけるほうが、おもしろいじゃないですか。散歩していて、なんの変哲もないスズメをすごくきれいだな、と思うことがあったとして、それを「ほら、キレイでしょう?」とわざわざ取り上げることはしたくない。ぼくなら押しつけられると、ちょっと引いちゃうと思いますし。

仕立て屋のサーカスには、そういう要素がふんだんにあります。普通の舞台グループにはもっと確固たる本体があるのでしょうが、仕立て屋のサーカスでは、すみっちょにおもしろいものが転がっている。ぼくはそういうところが好きなのだと思います。

ジャスも、すばらしいメロディだけを期待する音楽ではないので、わからないと言われがちです。でも、演奏者一人を中心にして見てみると、グッとおもしろく見えてくる。それは考えてみれば当たり前のことで。つくっている人の立場になってみると、作曲・演奏している人自身は、確実に好きだからやっている。そんなふうに丁寧に考えて作られた曲をわからないと感じてしまうのは、観客としてその曲にコミットしようとしていないからだと思うんです。野球観戦に行っても、漠然と見ていてもおもしろくありませんが、どちらかのチームのファンになれば、俄然おもしろく見られますよね。一人好きな選手でもいれば、その人を中心に見るから、全体としてもおもしろい出し物と感じられる。そういうことなんだろうな、って。

海外の人は、そのへん慣れていますね。「自分にはこう見える」を大事にしている。仕立て屋のサーカスのお客さんもやたらと意見を言いにきて、うるさいぐらいです。

仕立て屋のサーカスではさみの音が楽しめる人は、きっと日常生活でも「ああ、いいねえ」という音を見つけることができると思います。他人に説明するほどのことでもないけれど、なんかいいな、好きだな、という些細なものを、まるで盆栽を眺めるように楽しめたら、人生は少し豊かになる。音楽なんてなくても生きていけるものですし、すごい効能があるわけでもない。でも、知っているといないでは、やっぱり違う人生だと思うんです。

CINEMA dub MONKSも細かいところを大事にするバンドですが、仕立て屋のサーカスはさらに要素が多いし、本体不在な感じが強いから、何を見るものなのか説明がしづらい。でも、わかりやすい本体が前に出るということはすなわち、細部を捨てることになる。そのバランスは難しいですが、お客さんを楽しませようという気持ちがメンバー全員にあるから、前衛美術の実験のようにはなっていない。バランスが取れているのでしょうね。あくまで出し物として、お客さんには楽しんで帰ってもらいたいんです。

ぼくにはどうも既存のものを擁護するところがあって。オーソドックスなジャズも、今やガチガチに既存のジャンルで、しかも斜陽です。いつまでやってんの、と言われがちなだけに、それをどう楽しむかを考えたい。仕立て屋のサーカスの楽しみ方を覚えることができたら、結構何でも楽しめることがわかって、いろんな出し物を観に行ってみようという人が出てくるかもしれない。そうなったら、すばらしいですよね。そんなふうに種が蒔けているとしたら、ぼくらの試みに意味があるということになりますから。

【注】

★45 仕立て屋のサーカスの公演で、通常の舞台ではかき消されてしまうような物音までが印象的に響くのは、初期の頃から音響を担当するPA・藤田恭久の仕事が大きい。「実際の音の響き方は、会場にお客さんが入った時点で初めてわかります。音を遮る布の量によっても、客席数によっても響き方が違ってくる。お金をかければいくらでもよい機材は入れられますが、彼らのように会場にあるものでやる場合は配置が決め手です。彼らが音響で重視しているのは、自分たちのモニタースピーカーの音が客席までそのまま届くということ。そこを外さないよう気をつけています」(藤田)。

ルールのないところから立ち上がる核心

中嶋朋子（俳優）
×曽我大穂

2019・9・9

求めていたものが凝縮してそこにあった。

中嶋　「仕立て屋のサーカス」を初めて観たのは、二〇一五年のVACANTだったかしら。ラジオで公演情報を聞いて、直感で「わっ、行きたい！」と思って足を運んだんです。聞いたことのない名前だったけど、「サーカス」というフレーズも大好きだし、絶対行く！と思ったんだよね。

曽我　ご自分の名前で予約されてましたよね。当日にスタッフが「中嶋朋子さんという同姓同名の人が取られてます」と言うから、「えーそんなことあるんだなあ」と言っていたら、終演後、本当に朋子さんがいて。あの頃ちょうどちょっと違ったアプローチをしたいと思っていたから、「一緒にやれたらうれしい」と伝えたら、パッとご自分のメールアドレスを紙に書いて「何かあったら連絡して！」と言ってくれて（笑）。けど緊張してずっと連絡できなくて。

中嶋　全然連絡こないの。自由な時間の人なんだろうと思って、放っておいたんだけど。

曽我　二年ぐらい……。

中嶋　寝かされました（笑）。

公演はすっごくすてきだった。自分の求めていたものが凝縮していて。まず、お客さんの顔がいいじゃないですか。鑑賞中も、終演後も、待っている間も。おいしいものを食べたり飲んだりしながら、みんな超絶リラックスしてる。寝たっていいしね。その間に目の前ではどんどん美しいものができあがって、それがまたパッと消えてみたりとか。エンターテイメントに携わる表現者にとって、みんなにマジックをかけるというのはとても大事なことなんだけど、仕立て屋のサーカスの中では、演者自身もマジックをかけられているようだった。日本でそういう高揚感を得たことはあまりなかったからすごくワクワクして、ずーっと「これだよなあ、これだよなあ！」と思いながら観ていたな。

「何者でもない」状態になろうとしたんだよね。

曽我　仕立て屋のサーカスの内部会議では朋子さんにゲストに来てもらいたいと何度か提案していたけれど、二〇一八年に目黒のCLASKAでやるときに、ちょうどいいんじゃないかということになって、ご連絡したんです。

中嶋　グループとしても密度がちょうどいい感じに濃くなっていって、やりましょう、というタイミングになったのかな。それまでに公演は何度か観ていたと思う。

曽我　お願いしたときも、最初は「敢えていっさいしゃべらず、二時間そこに存在しているだけとかどうですか」とか無茶なことを言って。「全然いいよ」と言ってくれたけど、いろいろ考えるうちに、ぼくやガンジーさんはいろんな楽器を使うし、スズキくんも布やハサミや道具をたくさん使う。二時間舞台上にいるための武器を持っているのに、朋子さんには身一つでいてくださいというのは不正義というか、なんてことお願いしてしまったんだろうと反省して。それで朋子さんに「何があれば二時間舞台上にいられますか？」と聞いたら、「数冊の本と果物があればいいかな」ということで。あと、「CLASKA全体を図書館のようにしてみよう」と提案してくれたんですよね。

中嶋　「何者でもない」状態になろうというのがあったんだよね。女優さんが来るのならきっと朗読するだろうとみんな思っているから、敢えて読まないのはどうだろう、とか。想定をひっくり返す感じ。仕立て屋のサーカス自体も、それまでの流れを変える時期だったでしょう、あの頃。

曽我　ゲストを入れなくなっていた時期だったのですが、逆にもう一度かき混ぜたいなと思って、朋子さんに来てもらったというか。

中嶋　形なき新しいものをつくろうとしてきたけれど、そのことすら形になってしまった気がするから、このあたりでシェイクしてみたいというような話だった気がする。みんなでたわいもないおしゃべりのようなミーティングを何時間もして、思いついたことをとりあえずメモしたよね。大穂くんとスズキさんと、ガンジーさんは電話で加わって。おもしろかったね。これといった議題もなく、思いついたことをああだこうだとずーっと話すうちに、「あ、それいいんじゃない」という結晶のようなものがコロコロし始めて。それってすごく重要なことだと思う。そういう過程を経ないと、一人ひとりの中で整理できないというか。人って「こんなことはできないんじゃないか」とか「これは自分には合わない」と、どこか頭や心に制限をかけているけれど、そういう制限を取っ払わないと、未知なものがやってくる瞬間は訪れないから。みんなとごちゃごちゃ揉んでいく中で化学反応が起きるんじゃないかな。

初めてミーティングしたとき、食事しながらだったんだよね。私、食べることが大好きで、うるさいんです。食べているときの鼻息が。

曽我　そう、鼻息がね（笑）。

中嶋　おいしいものを食べるときは、鼻にも香りを通さないと魅力が半減だ、って力説して、鼻から息を抜きながら食べる方法をみんなにレクチャーして。結構難しいの。そんなところから、鼻息っていいねとか、食べているときの音や息でもいろんな表現ができるね、じゃあ舞台で果物を食べてみようか、となった気がする（笑）。

曽我　基本的に舞台では即興だから、事前の話し合いをたくさんして、そういう「結晶」をたくさん見つける感じですよね。

中嶋　おもちゃ箱の中に、とりあえずいろんなものをわーっと入れて、そこからみんなで、これはいる、これはいらない、と精査して。思い出すと楽しいな。

世界観はお客さんがつくるんだな、って教わった。

曽我　初めてゲストに来ていただいたときは、みんなで本を持ち寄ったんですよね。

中嶋　料理のレシピ本から、見知らぬ言語の学習書、音楽の理論書、将棋の解説本とか、とにかくいろんな分野の本を集めて、それらをバラバラにばらして座席の上や地面に撒いておいて。人類のあらゆる記憶や言葉で空間をいっぱいにしよう、というので。

曽我　入場者にもそのうちの一枚を渡して、朋子さんは下に敷いた紙も読むし、手に持った本も読むし、お客さんが持っている紙も読むという感じで、言葉、文字にフォーカスした公演をつくった。あのときは、どこかヒップホップの匂いがしたんですよね。いろんな言葉を朗々と読み上げる朋子さんが、遠い昔、道端で裸足で木箱に登ってアジテーションをしている女性にも見えて、ストリートラップの原型のようだった。それまでの仕立て屋のサーカスにはない感じだったので、興奮しました。その後のヨーロッパツアーではその流れを引きずったせいかぼくの出す音楽にもヒップホップ感が出て、フランスの人たちにすごく喜ばれた。あの煽動していく感じは、発見でしたね。

中嶋　そう、ハーメルンの笛吹きのようなことを言葉でやっていくというか。さまざまな書の断片をブワーッと敷き詰めることによって、人類の歴史の貯蔵庫の中にいる感じがしたんだよね。そこから拾った一片を読むと、先人たちの記憶を盗み見ているような感覚が強くあって。自分が楽しんで読んでいると、みんながついて来てくれる。最後、「手に持っているものを読んでください」と頼んだら、お客さん全員が一斉に読み始めてくれて。

曽我　全員が手にしたバラバラのページを一斉に読みだした。その声がまるで読経の渦のようになって。

中嶋　あれはすごかったね。お客さんに参加してもらうというのは、大胆にやるべきだなと思いました。あと、読む題材も、「国が制限されないほうがいいから、自分はどの国のものかわかるようなフレーズは置き換えて読んでいた」と大穂くんに言われたのが、すごくおもしろかった。

仕立て屋のサーカスを経験して以降、朗読の舞台をするときにすごくフレキシブルになったの。世界観を届けなきゃ！　と思っていたけれど、世界観はお客さんが勝手につくるんだな、と気がついて。一緒になってつくっていけば、突然未知なる扉が開いたりするから、こちらが「この世界を味わってください」と差し出す必要はないんだ、って。それは大穂くんたちと一緒にやって教わったことです。

どこか懐かしいというのもすごいことだよね。誰もがワクワクしたり、安心したり、あたたかくなったり、ということが起きる舞台って、すごいよね。

曽我　いま残っているお祭りにしろ舞台にしろ音楽にしろ、あらゆる表現には必ず「初日」があったはずなんですよね。その初日を味わいたい、というのが仕立て屋のサーカスの源にはあるんです。だからなるべくルールは排除するけれど、お客さんがおもしろがってくれるギリギリのところで駆け引きをしたい。でも結成から五年経ってみて、いまやっていることぐらいではぼくが生きているうちにその入り口までたどり着くことはないんだろうな、とも感じていて。

中嶋　でも「入口だったね」というのは、のちの人が言うことだから、本人には結局見えないのかもしれない。あれ？　もしかして？　ぐらいじゃない？

曽我　渦がどんどんグワーっとなってきていることとくらいは感じられるんじゃないかなと。朋子さんはいろんな演劇の舞台に参加されていますが、仕立て屋のサーカスは演劇的にはどうですか？

ルールを決めずにやっていくと「芯」が自然と生まれてくる。

中嶋　すごく不思議だったのは、強いテーマを決めると動けなくなるというのを体感したことかな。二〇一九年五月の新宿ルミネゼロ公演の一日目にそれを感じて、二日目はやめようと思ったらすごく楽になって。じゃあその次って何だろう、という感じで終わったのがよかった。あれはすごい発見だったな。

たいていの作品では、どうしても主軸に何か強いテーマを持った上で自由になる、ということをしがちなんだよね。たとえインプロであっても、強いテーマに向かって自由にしようとする。でも、それって実は逆なんじゃないかって。ルールを決めずにディスカッションをしていろんなものがわちゃわちゃっと出た、その段階で「ゴー」することで、突然芯がぐわーっとビルドアップするんじゃないか。あらかじめ芯を持ってそれに向かっていこうとすると、お客さんまで巻き込んだ外巻きの竜巻きにはならない。それをすごく感じたの。あのときは、鳥と話をする少年のお話だったんだっけ?

曽我　チベットがテーマのぼくらの作品の要素を混ぜたんですよね。

中嶋　うん。私はやっぱり演劇人だから、そういうベースがあると、やっぱりそこからの役づくりになっちゃう。それが窮屈だなと思って、「やめた。すみません、私は鳥になります」と翌日言ったと思うんだけど(笑)。それだけを決めて、あとは自由にやってみようと思って。

あれは本当に発見だった。仕立て屋のサーカスに限っては、テーマを持つことが重くなる気が強くする。みんなが培ってきたものがあるからなのかな、テーマがなくても空中分解するようなことにはならないというか。散漫としている状態で始めるほうが、かえってある瞬間にぐーっと中心に向かって巻いていきそうだな、と思ったんですよね。

そんなことって、演劇ではなかなかできないんだけど。お芝居の場合はもっと時間がいる。でも仕立て屋のサーカスには音楽があって、もともとみんなでその場でつくり上げていく空間だから、「せーの」でドンっと回り始めることができるのかな。音楽と空間の力だと思う。外にも内にも自在に行ける。

演劇の場合、外にも内にも行くためには舞台装置に頼ることもあるけど、空間に何もない場合には言葉と身体に頼ることになる。そうなると、膨大なお稽古がきっと必要で。お稽古を積んで積んで積んで積んで、ぜーんぶやーめーた！　と捨てて、そのうえで身体一つで立ってみる、というふうにすると、ウワっていくの。仕立て屋のサーカスのみんなと一緒にやったようなディスカッションをずーっとやって、それをさらに身体で試して試して、「あ、違うね、今日はやめてみよう」というのを延々と繰り返して到達できる世界。外国の演劇ではそういうことやっているのよね、八か月間とか平気でお稽古するから。

いま、女優さん仲間とやりたいね、と話し合っているところ。公演というゴールを考えず、集まって稽古だけする（笑）。それを積み重ねていったら、何かが見えて、最終的に公演をやろうということになるんだろうな、って。テーマを持たずにそこに立ってみるということを、演劇のほうでもやってみたいなと思ってる。

そういうことを考えるようになったのは、やっぱり仕立て屋のサーカスに出たから。自分たちのフィールドでもこれをつくってみたい、と思ったんだよね。

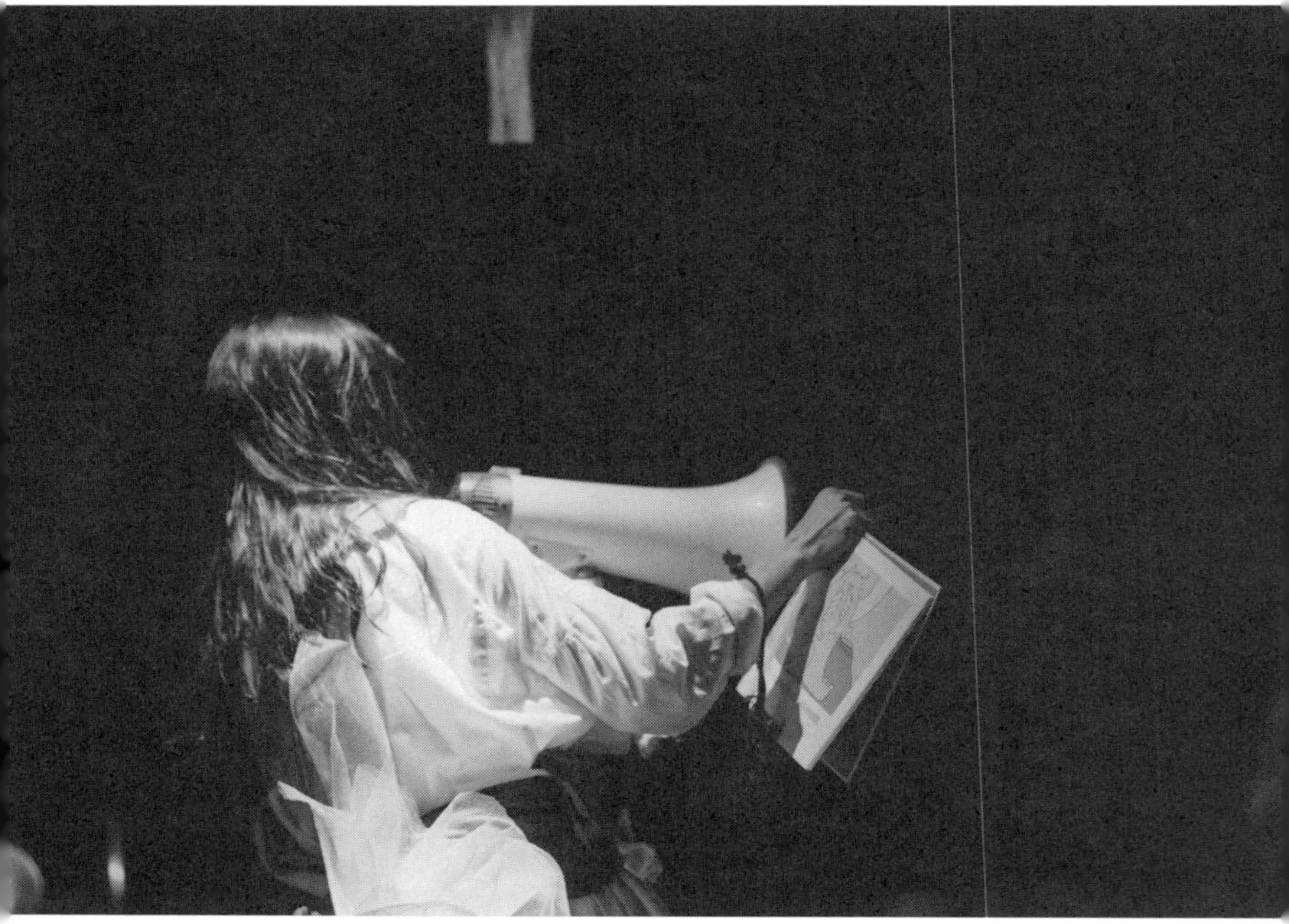

中嶋朋子 × 曽我大穂

「テーマ邪魔だな」というのは、正直な体感だった。

曽我　いまの朋子さんの話には勇気をもらいました（笑）。メンバーからは、初期の頃から具体的なテーマや脚本を持ったほうがいいんじゃないかという意見が出ていたんだけど、ぼくとしては、物語のプロでもないぼくらがパッと書いたものに合わせてやっていくと、ミスは減るかもしれないけれど、やっぱり長く残るものにはたどり着けない気がしていて。

誰が最初に言い出したかわからない一〇〇〇年前の話を未だに親が子どもにしている、みたいな、とても長く続く何かをつくってみたいんでしょうね。みんながいいねと思っているものって決して一人だけの頭でつくっていないというか、なんだかよくわからないぐちゃぐちゃした渦の中からぐんっと立ち上がってきたものが、長くしぶとく残るのかなと。

中嶋　それこそお祭りってそうだったんじゃないかな。もちろん田植えの成功や豊作を祈るという大テーマはあるけど、もっと原始に遡ると、そうじゃないかもしれないよね。集まって火を見ていたら拝み始めちゃったとか、あったかもしれない。炎のようにゆらゆら動きたくなったかもしれない。その感じを再現したいのかな。

メンバーの皆さんがおっしゃることもすごくわかるよ。一つになってやるためにはバラバラやるよりも方向性があったほうがやりやすいし、自分もこれまでそういう中にポンと入ってきたから自由にやれたのかもしれない。でも「いや、テーマ邪魔だな」というのは、本当に正直な体感だったから。それぞれが自分の好きなものを信じあって、投げつけてみたらどうなんだろう、って（笑）。

曽我　ちょうど昨日そういう機会があって。ミロコマチコさんの個展会場で、二人でライブペインティングをやったんです。彼女も決めない人なんですよね。だから二人で時間だけ合わせて、どうやって始めるかも決めずにぼんやりしていたら、ミロコちゃんがチューブをぶじゅぶじゅし始めて、お客さんが気づかないうちに始まって。どんどんぐにゃぐにゃして、最後はミロコちゃんが持ってきた布を持って、全員で描かれた絵の上で裸足で電車ごっこしていたんですよ（笑）。

中嶋　えー、楽しい！

曽我　ぼくがアコーディオン弾きながら先頭になって、ぐるぐるギャラリーの中回りながら、そのまま最後消えていった。何も考えていなかったけど、自然とそうなって。

中嶋　そんなの脚本に書けないものね。

曽我　そうですね。でも見にきていた「EGO-WRAPPIN'」のよっちゃん（中納良恵）なんて、「なんか最後泣けてしまったわ」と言ってくれて。

中嶋　すてき！　テーマがなくても終われるし、いつ始まるかだって受け身じゃなく体感すればいいんだよね。

自分からどんどん吸収する観客に、本当はなれるんですよ。

中嶋　演劇でもそうなんだけど、「何かもらえる」となっちゃうと、楽しくないはずなんですよ。「これは受け取れなかった」「このせりふは聞き取れなかった」「理解できなかった」とやっていると、全部遅れちゃう。でも自分から「おもしろい！」「うわっ、わかんない！」とつかんでいくと、どんどん物語の先に行って、ここに来るだろう、というのを逆にキャッチして終演を迎えることができる。気づけば自分がキャッチャーになっている。そういう観客になれるんです、本当は。でも日本のお客さんはとくにとてもお行儀がいいし、必ず頭を通して一生懸命咀嚼しようとなさるから、「遅れちゃう」の。もう頭なんか通さないでこぼしちゃってもいいから、残ったものだけ後で「うーん」とやって楽しんだらどうかなと思うんだけど、なかなかそういかないんですよね。

　だから私の演劇をよく見てくれている人が仕立て屋のサーカスに来てくれたときに、「わっかんないけどさあ、ここにいっぱいおみやげあるー！」みたいに高揚していて。「演劇でもそうやりたいんだよ、あの高揚感を味わえる場所にしたいんだよねえ」と二人で盛り上がって。最初は「どうやって観たらいいかわからない」と戸惑ったけど、観ているうちに「あ、なんだ、楽しめばいいんだ」と思ったという人もいて。おいしいご飯も飲み物もあって、あんなに開かれた場所なのに、「理解しなきゃいけない」「何か必ず持って帰らなきゃならない」というところからスタートするなんて、もったいない。何時に始まるとか、そういうことさえすべて取っ払っていくことが、「楽しむ」とか「味わう」ことのためには重要なんだと思うんです。

　だから「女優なのに読まない」というのも、絶対にアリだなと思って。「中嶋朋子、女優で参加してるのにいただけ?」とかね（笑）。その「なんで?」を持って帰ってもらうことも私はすごく重要だと思っていたから、大穂くんの提案にはすんなり乗れたんだよね。

曽我　おもしろいな、朋子さん。またときどき聞かせてもらいたい（笑）。ぼくはすぐめげそうになるので。何度も来てもらえるような公演をやっていけば、お客さんもそういう見方ができるようになっていくんじゃないかなとは思っていて。昔の観客は、受け身じゃなかったらしいですもんね。いろんな背景を理解したうえで舞台を観に来ているというか。

中嶋　いま私、シェイクスピア劇に出演しているんだけど、それがものすごく下世話なシェイクスピア劇で★46（笑）。シェイクスピアって日本だと「おシェイクスピア」になっちゃうでしょう。たしかに韻を踏んだ言葉が詩のようで小難しい感じがする。でも実際には観客はみんな立ち見で、野次飛ばしたり王政を揶揄したりしながら観ていたらしいの。カンパニーは王宮お抱えの一座でありつつも、クーデターに使われるぐらい民衆を扇動できるスゴイ人たちだったから、その演目はもっと下世話で民衆が楽しめるようにつくられていたはず。

今回の舞台の源には、そういう発想がある。そうすると、それまで意味のわからなかったセリフが、「あこれは時事ネタなんだ」とか「楽屋落だ。だから現代の私たちにはわからなかったんだ」というのが見えてきて。たいそうな本だと思っていたシェイクスピア劇の脚本って、実は落書きとかいっぱい入っているような身近なものだったんじゃないかと思えてくる。さぞかしすごい求心力だっただろうなあと思うんだよね。ただ、いまそれをなぞっても求心力は生まれない。

曽我　そうですね。

中嶋　だから「やーめた」と言って、その渦だけをどうすればつくれるかを、いま勢いで試していて。そしたら、お客さんがどんどん入ってくるようになったの（笑）。劇中、お客さんにもいっぱいしゃべりかけるんだけど、答えてくれる。「大変ねえ」「頑張って！」と言われたり。地方に行くと皆さん楽しみに待ってくださっているから、余計に反応がよくて。まるで日本じゃないみたいにみんなが話しかけてくれて、おかしいの。

曽我　うわあ、見たいなあ！

中嶋　「おシェイクスピア」だと思って皆さんいらっしゃるから、最初は面食らっちゃうみたいなんだけど、そのうち「わかんなくていいんだ」「笑っちゃっていいんだ」と気がつくと、ブワッと空気が緩んで、「なんだかわかんなかったけどおもしろかったわ」と言って帰ってくれるという（笑）。それでいいんです！　みたいな。

曽我　すごいね、それ。

中嶋　ちょっとおいてけぼりにしている感もあるから、一考すべきところはあると思う。でもトライとしてはすばらしいんじゃないかな。

曽我　そのチャレンジは「後効き」なのかもしれないですしね。そのときわーっとおもしろかったというものよりも、後から効いてくるやつのほうが長く残ったりするから。

中嶋　ああ、それはあるかもしれない。だからちょっと置いてきぼりにしても私はいいと思ってる。

曽我　朋子さんが仕立て屋のサーカスに来てくれたときって、そういう感じがあったんだよなあ。みんな騙されてどんどん外に連れ出されてねえ。あのお客さん全員どこかに売れそうなくらい。朋子さんとやると、想像を超えられそうな予感がするんだよね。まだそこまで行けてないけど、見えてきた気がする。最後会場がもぬけの殻になっているとかもおもしろいですよね。朋子さんが全員引き連れていっちゃって、外で拍手が聞こえて、ぼくらは「ああ、終わったんだなあ」と気づく（笑）。

中嶋　ついていっちゃうってすごいね。

曽我　息を切らしたスズキくんが呆然と見ているとかね（笑）。俺こんなにいろいろやったのに、お客さんつれていかれちゃった、って。

【なかじま・ともこ】

一九七一年、東京都生まれ。一九八一～二〇〇二年まで放送された国民的テレビドラマ「北の国から」で二一年にわたり黒板蛍役を務める。以後、映画、舞台、朗読、講演など多方面で活躍を続けている。第一七回読売演劇大賞優秀女優賞（二〇〇九年）、第三三回ギャラクシー賞奨励賞（一九九六年）、第三三回ブルーリボン賞助演女優賞（九〇年）、第一二回ヨコハマ映画祭助演女優賞（九〇年）など多数受賞。対談は二〇一九年九月九日、東京都渋谷区の砂岡事務所で収録。

【注】

★46　シェイクスピア劇　熊林弘高演出のシェイクスピア劇「お気に召すまま」。二〇一九年七～八月の東京芸術劇場を皮切りに豊橋、新潟、兵庫、熊本、北九州で上演された。中嶋のほか、満島ひかり、坂口健太郎、満島真之介、温水洋一、中村蒼、山地和弘、小林勝也らが出演。この対談はその最中、九州公演の合間に行われた。

気の抜けないスリリングな舞台

青柳拓次（音楽家）
×曽我大穂

2019・9・10

二人の音楽家の骨太な表現が柱のように立っていた。

青柳　初めて「仕立て屋のサーカス」を観たのはわりと最近で、二〇一五年か一六年のVACANTだったかな。大穂くんに誘ってもらったんだよね。

曽我　二〇一五年頃からやりたいことが形になってきた感触があったので、観てほしい人たちに声をかけるようになって。青柳さんにはぜひ観てもらいたかったから、来てくれているというのだけでうれしかった覚えがありますね。

青柳　そうなの!?（笑）

観たことのないものを観ている、という感じはすごくありましたね。なんといっても、大穂くんとガンジーさん、二人の音楽家のしっかりと骨太な表現がガシッと柱のように立っていた。もちろんスズキさんや渡辺さんの空間づくりもよかったし、いろんな要素が複合的に絡み合ってああいう形になっているけれど、ぼくはどうしてもまず音楽に耳が行ってしまうので。音楽的な骨格の太さをずっしりと感じました。

おもしろかったのが、時間の流れが独特だったこと。通常の舞台やコンサートの場合、ここまでの時間にはこれをやる、というタイムスケジュールがあらかじめあってそれに従って進行していくけれど、仕立て屋のサーカスにはそれがないじゃないですか。実際に物語を旅しているような時間感覚で音楽も進んでいくし、光も動いていく。今年一緒にやらせてもらって[★47]、それをより強く感じました。あれは新鮮な体験だった。

舞台や映画では、細かい場合には一秒単位でせりふや動きが決まっていて、このせりふが来た瞬間にこの音が来て、動きが止まった瞬間に音が終わるようにする、そういう進め方が一般的ですよね。仕立て屋のサーカスの場合はすべてがグラデーションで、その中で急にカットインが入ったりする。大穂くんとガンジーさんの「ここだ！」というタイミングで、すべてを吹っ切っていく感じがある。一緒にやった公演では、ぼくにも急に入ってきていいよと言ってくれたから、楽しませてもらいました。本当に独特だと思います。ある意味、自分のやり方がより濃厚に出てきて、それがなんだかおもしろい。

瞬発力や直感が命なんですよね。優れた人はそういうことができるけれど、「場」としてそれが許されているというのは、自分の経験した現場ではあまりなかった。舞台をつくり上げるまでのクリエーションの過程でいろいろやってみようというのはあるけれど、いざ舞台に出たらさほど変わらないというか、昨日も今日も明日も同じようにやっていくのが普通で。その逆に、骨格から全部変わっちゃうのが仕立て屋のサーカスだから。

「定型」のない音楽家、曽我大穂

曽我　最近気づいたんですが、ぼくは定型とされる音楽をほとんど聴いていないんですよ。まさか音楽をやるなんて思っていなかったのに、二〇歳でハーモニカを覚えたことがきっかけで音楽の世界に入ったから、定型が苦手というか、身体に入っていない。
他のミュージシャンと一緒にやると、「大穂くん、あの流れの場合、このタイミングでこういう変化が来るんだよ」とか「ぼくがソロをやったら一度引っ込んで、終わったと思ったら出てきてね」と言われたり。あるときなんか、すごく仲良くしてもらっていたミュージシャンに途中で「なんで好きなところで変えていくんだ！　みんなちゃんと八小節とか一六小節で変化を加えているのに」と怒られたこともあって。
青柳　五とか三とかで終わんないでって（笑）。
曽我　ガンジーさんにそのことを言ったら、「そう、大穂はすごくその癖あるよね、まあそれがおもしろかったんだけど」と言われて。いまではその「偶数回」は身についたし、これがメンバーにもお客さんにもわかりやすくポップに伝わるコツなんだなと納得したけど、でもやっぱりどこかそれを重要と思えない自分もいて。最近はちょっと縛られちゃってますね。ふと浮かんで試したいフレーズがあるけど、あと六回待たなきゃ、とか。
青柳　あははははは。
曽我　この間ミロコマチコちゃんと話したときにも思ったけど、ぼくは音楽家といいつつ、絵を描くようなことがしたかったのかもしれない。どんどんグラデーションのように積み重ねていくというか。でも、いまの青柳さんの話を聞いて、まとめるのが苦手だからそういう形になったんだと自覚しましたね。
青柳　大穂くんとは仕立て屋のサーカス以外でも何度か一緒にやったことがあるから、譜面に書かれた楽曲を何人かで演奏する中で大穂くんが入ったときの感じも目に浮かぶな（笑）。でもやっぱり得意なことをやるっていうのが、結果オーライな気はしますけどね。
曽我　青柳さんの、まるで絨毯を織るようにゆっくり音を積み重ねていくうちに美しい模様が浮き上がるような、工芸品のような音楽を聴くのが大好きだったの。でも自分としてはそれをどうすればいいかよくわかっていなくて。ぼくの音楽は織物というよりは、塗りたくった絵の具が重なったり濁ったりしている感じだから。でも、今年一緒にやらせてもらったことで、ヒントをたくさんもらえて。

青柳さんに「ここは布を織るような感じにしたい」とお願いしたんですよね。ぼくとしてはみんなが同じフレーズを違う楽器で重ねていくイメージしかなかったけれど、青柳さんはそれに加えて全く関係のないテンポで音を出し始めて、気づいたらみんながゆっくりそっちに移っていっていた。この感覚がもっと身体に入っていけば、タペストリーのような音楽ができるのかなと考えたら、すごくワクワクして。本当に感謝してます（笑）。ときどきガンジーさんと「あのときの感じでこのシーンをやりたい」と試すんだけど、なかなかうまくいかなくて。

青柳　もう一人ぐらいいないと難しいかもね。

曽我　ぼくもガンジーも瞬発筋だけが育っちゃったほうだから。二人で別のバンドのサポートに入ったとき、二人ともいまどこやっているかわからなくなって。それでも必死こいて演奏していたら、いきなり終わりが来たとき、ちゃんとバン！　ときれいに終われたんですよ。つまり陶酔状態でやっていても終わりが来たら終われる瞬発力は育っている。

「そういうとこだけ得意だよね」って、二人でニヤニヤしたんですけど（笑）。

青柳　ガンジーさんとはもう長い付き合いだもんね。

曽我　この間の公演の、ガンジーさんと青柳さんのシーンもすごく美しかったんですよ。あれを見たのがきっかけで、その後開催した福岡公演では、始めの三〇分間自分は出ずにガンジーだけの時間をつくってみたりしました。ゆくゆくは青柳さんとガンジーさんだけでやってもらいたいくらい（笑）。

この間、福岡公演★48で似たことをやってみたら、すごくやりたいものがつくれたんです。自分がステージにいることで調整できなかったことが、客観的に見られるんですよね。青柳さんも、「本当は自分がつくった曲を手練れの音楽家たちが豊かに演奏しているのを客席の後ろのほうから見て、紹介もされずにこっそり家に帰るのがいい」と言っていましたよね。

青柳　そうそう（笑）。演奏って、やっぱり自分縛りが起きちゃうから。技術力の限界もあるし、こうきたらいつもこうなっちゃうとか、肉体的に反応してしまう自分なりの癖がパターン化してしまう。でも違う癖を持つ他人にお願いして引いて見ていれば、「このタイミングで行くといいよ」とか言えるんだよね。

曽我　自分にない解釈をしてくれたりするのも新鮮だし、演目がより豊かになる感じがしますよね。

青柳　自分よりうまく演奏してくれたりすると、「おおー、ありがとう！」って（笑）。ぼくの場合、自分で演奏したいという願望はさほど強くないので、「客席で見ていたい」という気持ちはすごくよくわかるな。

仕立て屋のサーカスの場合、おしゃべりが大事だからね

青柳　とくに仕立て屋のサーカスの場合、おしゃべりが大事だからね（笑）。ほかの現場では、器用な人は譜面を指示通りにぱっと弾けちゃって、一回で録音を終えてしまうこともあるけど、仕立て屋のサーカスはもっと密にやりとりをするし、抽象的な表現でシェアすることが多い気がしますね。もちろん一瞬で意図を理解してモノにできちゃう優れたプレイヤーもいるので、話し合わない＝気持ちが入っていないということでもないんだけど。仕立て屋のサーカスでは、メンバーとのディスカッション自体がクリエーションのプロセスになっている。

それに、公演終了後毎回ミーティングになる。そこでもいろんなことをしゃべって、大幅な変革が行われる。すごく独特だと思います。普通はだんだん機械的になっていくし、

それができるように体調を整えていったりする。仕立て屋のサーカスでももちろん体調は整えなくちゃいけないけど、一度全部外さなきゃいけない。次回、自分はこうやって入っていって始まるんだなあと思っていたのが、ガラッと変わったりするので、毎回最初っからつくる感じがあるよね。リピーターのお客さんが多いのも頷けるな。ほんと、おもしろいですよ。

曽我　でもいつかは、端から端まで一秒単位で決めちゃうという方法でやる日も来るんじゃないかと思っているんです。

もともと「まだ名前のついていない舞台ものをつくろう」ということで始まったグループだから、最初からきれいにまとめあげるとのびしろがないように感じていたものあるし、メンバーがバラバラに暮らしているからリハーサル環境が整わないこともあって、いまのやり方になっている。でも環境が整ってがっつり向かい合えば、ある程度の形にまとめるかもしれない。あえて無理やりまとめた演目を一〇日間やり続けてみるとか。

強度のある表現をめざしたい

青柳　ある人のライブツアーに参加したときのことなんだけど。リハーサル段階で、曲の構成も順番も、ここでMCが入ってここでギャグを言う、というのさえ全部決まっていたの。そのギャグ、一回目のリハでまずメンバーはみんな笑うわけ。二回目で「あの人また言ってくれるのかな」と思っていると、もちろん言う。そこでなぜかまた笑っちゃう。それが本番まで続いて。日常会話で同じネタを二度聞くって、結構苦痛じゃないですか。多少ウケたとしても、「また言ってる」ってなっちゃう。でもそれとは別の次元があるんですよね。それに、お客さんは毎回変わるわけだから。お客さんが笑ってくれるタイミングを絶対に外さないために、リハでしっかり練習する。ああ、お客さんを喜ばせることがこの人にとって一番大事なんだ、と。新しい世界を見たような気分で、尊敬さえ覚えました。

曽我　ぼくも子どもの頃から落語が好きで。知っているのに同じタイミングで笑っちゃうんですよね。

青柳　同じことやられてもおもしろいというのは、やっぱり強度があるってことなんだろうね。

曽我　その強度を持ちたいんですよね。MCでみんなを笑わせるというのは、そこで笑いが起きることで次の曲がやりやすくなる効果もありますし。何をやってもお客さんも自分たちも楽しくなる、そんな自由な地平線をつくれたらいいですよね。音楽の場合、本番では緊張しちゃうけど、リハだとどの音を出してもすてきに響いて怖くないというときがあ

って。さまざまな舞台芸術はどれもそういうところにいけるように、リハをしたり微妙な間合いを工夫したりしているんでしょうね。

青柳　幕が開いた瞬間に、そのスイッチが入るように。

曽我　仕立て屋のサーカスの場合リハがあまりできないから、決め事をつくると本当にそれをなぞるだけになってしまう。何かわからないものをやろうとしているのに、初めから決めちゃうとのびしろがなくなっちゃう。好きにやっているのは、いまの段階では致し方なくという感じです。

青柳　できる中で知恵を絞ってやるしかないもんね。ジャズミュージシャンだって、普段バラバラの街に暮らしていて、公演当日にポンと合わせているわけだし。ジャズの場合はある程度音楽のつくり上げ方のセオリーがあるから形ができやすいけど、それすらないのに挑戦しているっていうのは、ほんとすごいよね（笑）。

仕立て屋のサーカスの舞台は、気が抜けない

曽我　でも慣れてくると、音楽家としては「仕立て屋」の現場は楽なんです。音楽だけであれをやると行き止まり感があると思うけど、息を切らしたヒゲのおじさんがハアハア言

いながらハサミでチョキチョキ布を切っていたり、照明がくるくる回っていたりと、同時多発的にいろんなことが起きているから、好きなところを見てもらえれば美しいという感じがある。それにすごく救われています。

昔からそういうのが好きなんですよね。例えばこのレストラン（対談場所）の空間も無秩序で騒がしいけど、隅っこから眺めていたら、きっと気になる人が出てきてじっと見ちゃう。いろんな選択肢がある中から自分の好きなものを見つけるのはおもしろい。全員がバラバラの話をしているのを眺めて、「一瞬、間が空いたな」とか「あっちのグループとこっちのグループでハーモニーがいい感じだな」とか。舞台でもそういうことをやりたいんだと思います。

青柳　仕立て屋のサーカスの舞台は、そういう意味でも気が抜けないよね、やっぱり。一度組み立てたものを次の回ではないことにしなくちゃいけないこともあるし、準備もできない。一回一回が集中集中、反応反応、という感じで、本当にスリリングです。

でもそんな中で、めちゃくちゃバチっと構築された一曲が突然一瞬だけ出てきたら、よりぶわっと盛り上がるんじゃないかと思う。三分でもいい、「この人たちこんなにすげえんだ」と思うものがパッと出たら、「だからこういうことやっているんだな」というのがよりクリアになる。綿密に構築した一曲をドーンとやる、というのはまだないよね。

曽我　やったことないですね。

青柳　下手すると説明っぽくなっちゃうかもしれないけど、でもとくにサーカス初体験の人たちにとっては、そのメリハリはインパクトがあるんじゃないかな。

曽我　それがうまくできると、多様性の幅が広がって、もっと大きな土地をつくれるかもしれませんね。

青柳　三分間の一曲だけ準備しておくというのなら、練習時間がとれないときでも、できそうじゃない？　どこで出すかは決めずに、あとは即興でやればいい。

曽我　スズキくんや渡辺くんには、できれば仕込みは半分ぐらいにして、そのときどきの雰囲気を見て、舞台の最中にどんどん仕込み直してほしいと伝えてきました。つくり上げた美しい「発表」を見せたいんじゃなくて、つくっているその過程自体のおもしろさや美しさを感じてほしいから。スズキくんだって、あれ仕込んでおけばもっとチャッチャとできるんだけど、その場で急いでつくってくれている。音でもそういうふうにできないかな、もっといいアプローチはないのかなと思っているんですけど。何かないでしょうか。

楽器をセッティングするところから見せるのをやってみたことがあるんですが、まどろっこしくてうまくいきませんでした。楽器自体をその場でつくっていくとか、スズキくんの布を盗んで、あれだけで音楽を奏でるとか。

青柳 ネタとしては、すごくおもしろいよね。

曽我 けどできないですよね。

みんなから引き出す側に回ってみるのが、いいのかもしれない

青柳 長年やっていると、どうしても型ができてきちゃうでしょう。あの人がガーッといくならぼくはちょっと引いておこうかなというのも、癖のようになってくる。大穂くんがみんなから引き出す側に回ってみるのが、やっぱりいいのかもしれない。どうしても大穂くんがアイデアを提案して、みんながそれを受けるという構図が生まれてしまっている気がする。その構図を壊して、こちらから聞いてあげるとか引き出すとかして彼らが解放できる方法を見つけつつ、同時に大穂くん自身もより解放されるような関係をつくっていく。

戯曲を演じるわけではないから、思いや自分の解放度合いは、やっぱりメンバーのコンビネーションによって生まれていく。どういうフォーメーションでやれば自分たちの最もよいところが発揮できるかは、本人たちが関係性の中で見つけるしかないんだよね。メンバー全員が解放された状態がうまくお客さんの前で披露できたときに、最大の効果が生まれる。それは芸術全般に言えることだと思う。

曽我　聞いていて、いろいろ試したいことが浮かんできちゃった。例えばガンガンにやっていた音楽をふと止めて、スズキくんのはさみの音や呼吸の音に耳をすませると、長く続く残響を感じられるかもしれない。空間の広がりや収縮度合いを確認して、ステージから離れてぐるぐる歩いて回ったり、スズキくんを追いかけたりして、そこからもう一度音楽をやり直すとか。つまり、自分の舞台上でのありようをどうするかということ。一回引いてみたら、音のアプローチもまた変わってきそうです。

そもそもぼくの音楽が電気を使って演奏するものが多いのが嫌になってきているんです。ボビー・マクファーリン★49が何万人もいるコンサートホールにイスだけ置いて出てきて、お客さんにメロディを移して歌わせて、自分は伴奏を歌うっていうのに憧れたりするんですよね。

その時代にしか通じないものではなく、二〇〇〇年、三〇〇〇年後の若者が見ても「ああ好きだな」と思われるような強度がほしいんです。そう考えるとやっぱりシンプルなもののほうが、強度があっておもしろい。昔の音楽ってなんであんな強度を感じるんだろう。

青柳　耳の感度も高かったんだろうと思うんだよね。楽器自体もアコースティックだから、音色や場所による響き方、すべてをアナログで調節していたし。これぐらいで響く音だからお客さんとの距離はもう少し詰めようとか、このぐらいのタッチならよく伝わるなとか。

音色や場所による響き方をすべてアナログで微妙に調節していたと思います。お客さんのほうも耳をすませていただろうし、相互にアナログな試みが行われていた。

人々のハードルを下げる

曽我　青柳さんがやっている「サークルボイス」[★50]は、究極にアナログな試みですよね。あれはどうやってやるんですか？

青柳　多くの人の場合、人前で声を出すという経験があまりない。せいぜいカラオケで歌うぐらいだけど、それさえしない人もいる。普段とは違うことをしてもらうためには、気持ちをかなり緩ませることが必要なので、まず何かしらでなんとなく和やかな雰囲気をつくります。目を閉じてもらうと、他人の顔が見えなくなるので気持ちが軽くなる。ハードルを少しずつ下げていくんです。

それから自分の出せる一番小さな声を出してみてください、と言います。そうするとこれくらいなら出せるかな、という感じになっていく。少し出せてきたところで「じゃあ大きな声を出してみようか」と言うと、バンっと、下から上まで大胆に出るようになる。

そうしたら、間を閉じて座ってのんびりしてもらい、それぞれの好きな音程、好きな言葉を息が続くまでただ出してもらう。それをわりとゆっくりやるんです。そうやってみんなが同じ方向を向いていると、人間って自然と同じ方向に進んでいくんですね。声を出していても、勝手に暗い響きになったり明るい響きになったり、盛り上がったり。その日のそのメンバーによるハーモニーが自然と生まれてくる。暗黒の宇宙みたいな暗ーい調子から、いきなり教会のコーラスのような調子になったりとか。人は自然と集団の中で調和をとっているんだな、ってことが如実にわかるんです。

あとはその場で、例えば小さな子に「何か思いついたフレーズを歌ってみて」と頼んで、その子が歌った「ラララララ」をそのままもらって、参加者に振り分けていく。そうやってフレーズを収集していきます。

なんだかわからないけど歌っちゃった、というふうに持っていくのがポイントですね。普段声を出していない人がのせられて思わず大声を出しちゃった、となるには、人々をまとめるテクニックが必要で、ぼくもまだ練習中なのですが。

曽我　声でそれをやるというのは、肉体的にも大変だし、「自分」がそのまま出るのでハードルがかなり高いですよね。

青柳　そうだね。声ではなく太鼓を使ってやる「ドラムサークル」というのもあるんです。太鼓はすぐ気持ちを開ける楽器なので。

その意味で、仕立て屋のサーカスはすごくハードルが低いなと思います。演者もお客さんも同じ地べたにいて、寝転がったりもできる。楽器[★51]も鉄琴とかカヴァキーニョとか、見た目も音もかわいらしい感じのものを使っているから、子どもからお年寄りまで楽しめる。構えずにリラックスして聴ける心地よさ、作品を発表して聴いてもらうのとは違う、にじんだ感じがあって。

曽我　それはある程度意図的に、仕掛けとしてやっているところもあるんです。たとえば公演中、コップの水にストローで息を吹きかけて「ブクブク」と音を出すのをよくやるんですが、あれをやると親に連れてこられて構えていた子どもが、「よし、あのお兄ちゃんは自分たち側の人だから聴いてやろう」となってくれる気がする（笑）。

青柳　いいなあ、それ（笑）。

曽我　でも最近、自分の演奏を聴き直しても、いいと思えることが少なくて。もっと豊かな音が出る楽器に替えたほうがいいのかなと思ったり。いろいろジレンマはあります。

まあ、いま一番やりたいのは、青柳さんとガンジーさんとスズキさんがやっているのをぼくが後ろから観ているってやつですね。

青柳　やろうよ、それ！

曽我　今年やってもらったときの青柳さんとガンジーさん二人の瞬間が、すごくよかったんですよね。もうずっとこれでいいんじゃないかって思ったくらい（笑）。

青柳　いやいやいや（笑）。

曽我　さっき言っていたように、自分ができることの限界も感じているから、もっと客観的になれるやり方を試してみたい。青柳さんにはこれからもいろいろとかかわっていただけたらと思っています。

青柳　舞台で行われていることは、結果的にかなり抽象的になることが多い。もちろんお客さんがそれぞれに受け取ればいいんだけれど、仕立て屋のサーカスをめぐって大穂くんたちがこんなふうにいろんなことを考えているんだと汲み取れたら、さらに理解が深まって、楽しみが広がると思う。だから今回こうやって話せたのはよかったし、これが活字になるというのもすごく楽しみだな。

【あおやぎ・たくじ】
一九七一年、東京都生まれ。高校在学中に鈴木正人、栗原務と結成した「Little Creatures（リトル・クリーチャーズ）」でデビュー。「青柳拓次」や「KAMA AINA」名義でも作品を発表。舞台の作曲や写真・言葉を使った作品も手がけている。対談は二〇一九年九月一〇日、東京・品川駅構内のレストランで収録。

【注】

★47　青柳は二〇一九年四月二七日、二八日、二九日の三日間、計四公演にゲスト出演した。

★48　二〇一九年七月一二〜一五日、福岡・UNO－N　SODAでの三日間公演。

★49　Bobby McFerrin（一九五〇〜）アメリカ人ジャズ歌手。楽器を使わない歌唱のみの重層的なパフォーマンスで知られる。リズムやベースなど、自身の声のみを多重録音した「Don't Worry Be Happy」が大ヒット、グラミー賞三冠を達成した。ライブ会場では聴衆を巻き込み、その場で聴衆が発したメロディに反応しながらみるみる変化していくパフォーマンスが圧巻。

★50　サークルボイス　人々が一つの場所に集い、生の声を響き合わせる参加型のコンサート。参加者は輪になり、スキャットと体を使ったリズムを奏でることでその日限りのアンサンブルを作り出す。青柳はファシリテーターとしてこの活動を主宰している。

★51　曽我がステージで使う楽器は幅広い。ハーモニカ、アコーディオン、フルート、ブラジルの弦楽器カヴァキーニョ、ピアニカ、そしてテープレコーダーなど。

あのとき飛び込んでよかった

手島すみれ（仕立て屋のサーカス制作）

「仕立て屋のサーカス」との出会いは二〇一五年、京都精華大学ポピュラーカルチャー学科三回生のときのこと。仕立て屋のサーカスの京都公演をメンバーと一緒につくる、というクライエントワークの授業を受講したのがきっかけです。[★52]

講義ではメンバーから多くの話を聞きましたが、なかでも「一〇〇年、一〇〇〇年と続く表現をつくりたい」という言葉が胸に刺さりました。私自身、ジャンルを横断するようなイベントを企画したいと考えたことがあったのですが、結局来てくれるのは同じジャンル界隈のお客さんばかり。ジャンルレスのイベントをつくる難しさを痛感し、壁にぶつかっていました。そんなときにメンバーの話を聞いて、「ああ、一〇〇〇年続くくらいの気持ちで、表現の根源から考えていかなくては実現できないんだな」とハッとしたんです。

講義後のワークも印象的でした。学生たちが京都公演に向けてさまざまなアイデアを出すのですが、本番一週間前になってもＯＫが出ない。「所詮は学生、このぐらいでいいだろう」という妥協はいっさいありませんでした。メンバーと同じ立場で一つの公演をつくりあげる、その過程が心底楽しくて、授業が終わっても離れたくなかった。

あのとき自分の中でパーンと何かが開花したのだと思います。とても数か月の授業では足りない。もっと現場に入って、多様な価値観を自分の中に取り込みたいと強く思い、公演のたびにボランティアで手伝うようになりました。そのうちに、大学で講義を受けていても、「いまメンバーのみんなは東京公演の準備をしているのに、なんで私はここで授業を受けているんだろう」とそわそわして勉強が手につかなくなってしまって。

気づいたら大学を休学し、制作担当として出演者・観客・会場をつなぐ窓口になっていました。きっとそれぞれの人にそれぞれのやり方があるのだと思います。でも私はあのとき仕立て屋のサーカスに飛び込むしかなかったし、突き進んでよかったと思っています。

【てしま・すみれ】

一九九四年、大阪府生まれ。二〇一五年より仕立て屋のサーカスの公演サポートスタッフとなり、二〇一七年秋頃より制作を担当。株式会社 Aquvii での仕事と並行している。

【注】

★52　この学生たちとの共同制作によって、二〇一五年七月一一、一二日の旧立誠小学校での公演が生まれた。

発酵し続ける生命体

勝見淳平（パン職人）

2020・1・28

「仕立て屋のサーカス」の公演には初期の頃からベーカリー「パラダイスアレイ」として出店しています。客層がいいんですよね。撮影・録音ＯＫとか一八歳以下無料とか、あの感じが見に来ている人に勇気を与えているのだと思います。

いつかもう少し違う角度から参加できたらいいなと思っています。最近、パン生地や植物と交信して、それを音にするという実験をやっていて。人にしろ植物にしろ菌にしろ、生き物はすべて生命活動の最中で、生体信号として微弱な電流を発しています。その波を拾ってＭＩＤＩ変換し、音として流せる機械があるんです。

パン生地の場合、こねあがった直後から発酵が進むにつれ、一晩のうちにもどんどん音

勝見淳平

が変わっていきます。それがすごくおもしろい。酵母菌は弾けるような音がするけれど、味噌だとももう少し丸い音になるなど、菌によってもテンションが違います。人間も人によって違いますね。おとなしそうな人でもすごいの飼ってるな、みたいな人もいるし、ジャングルのような音がする人もいます。

人と人とのつながりも発酵だし、もっと言えばぼくは宇宙全体が発酵でできていると思っているんです。仕立て屋のサーカスのメンバーはそれぞれがいろんな縁でつながっていて、そこからさらに多くの人がかかわるようになって、いい感じで発酵が進んでいますよね。一人ではたいしたことはできないけれど、お互いがつながることによって創造や妄想が具現化し、またさらに多様な人たちとつながっていく。普段の生活で食べたり飲んだりして生命活動を行っている状態が「培養」だとしたら、その中でいろいろな人や場所やモノとの縁がつながって、別の何かが生まれていくのが「発酵」なのではないでしょうか。

菌と宇宙、ミクロとマクロ――両者の間が広がるほどに、今、この瞬間の密度が高くなります。同じ一秒という時間を考えても、ミクロレベルでは自分の体内でも、ものすごいことが起こり続けている。一方、宇宙スケールで見れば、一秒は本当に一瞬で。このミクロとマクロの視点を獲得すれば、少々の悩みはどうでもよくなります。ミクロとマクロのバランスがとれていれば生きやすいし、偏ると生きづらくなるんですよね。「CINEMA dub MONKS」の二人も、昔から発酵し続けていると感じます。見ていてすごくよかった！　と思うステージでも、裏ではすごい反省会をしていて。音楽への向き合い方が半端じゃなくて、尊敬します。仕立て屋のサーカスの魅力もそこにある。彼らは完成することのない、発酵を続ける生命体なのだと思います。

【かつみ・じゅんぺい】
一九七四年、鎌倉市生まれ。PARADISE 23 菌担当（野生ゑ開）。辻堂の海の家「SPUTNIK／TRIPSTER」に参画した後、二〇〇五年、「鎌倉市農協連即売所」内にベーカリー兼カフェ「PARADISE ALLEY」（〇八年より兼「培養発酵宙造研究所」）を開業。〇六年よりリクリエイティブチーム「ROOT CULTURE」に参加、一二年より逗子のパン製造工房「B&B」で天然酵母の培養中。一九年には新しいパン工房「今此処商店 NOWHERE BREAD」をオープンした。モットーは「人類皆菌類」。

勝見淳平

わたしに畏敬の念をいだかせるものはふたつ。
星がちりばめられた空と内なる倫理的宇宙。

——アルバート・アインシュタイン（理論物理学者）

古代と現代をつなぐ非日常空間

渡辺敬之

ぼくはもともと関西のアパレル商社に勤めるサラリーマンでした。中国に駐在していたこともあります。イギリス留学中に知り合った仲間たちと原宿にＶＡＣＡＮＴを立ち上げることになり、会社を辞めて東京に出てきたんです。ノイズ系の音楽が大好きだったので、音楽イベントをたくさんやろうと思っていたら、防音設備がなかったせいで音楽ライブは限られたものしかできなくて。数をこなせないのなら、自分で演出をつけてやりたい形でやろうと、アコースティックライブを多く手がけるようになりました。

照明をやり出したのも、その流れです。表現したい世界観と予算との兼ね合いで、電球を使うことにしました。通常の照明器具は一つ数万円はしますが、電球を自分でアレンジすれば一〇〇〇円、二〇〇〇円でできますから。それでコツコツつくり始めたという感じです。

二〇一二年にVACANTを辞めたときには、実は別の仕事に就こうと思っていました。でもその直後、交通事故にあって一か月入院することになってしまって。リハビリ中の半年間、仕事を探すこともできず、失業保険をしながらグダグダ暮らしていたら、「VACANT辞めたんでしょう？　今度のライブで照明やってくれない？」みたいな話が少しずつ来るようになって。これは仕事になるかもしれないな、と思ったのが地獄への入り口です。


スズキタカユキさんのことは、VACANTで開催した前衛パフォーマンスを見ていたので、知っていました。おもしろいことをする人だなと。曽我大穂さんには、青山で見たドラマーの芳垣安洋さんとのセッションがすごくよかったので、VACANTでもできないかと話しに行ったことがありました。でもちょうどその日、大穂さんと芳垣さんが大喧嘩していて。あんな野良犬みたいな怖い人とは無理だ、話せないと思って（笑）。

二〇一三年、青山のCAYで行われた「CINEMA dub MONKSの布と音と食の大サーカス展」に参加したのは、CAYの知り合いから「こういうイベントがあって、ナベちゃんの照明が入ったらおもしろいと思うから、やってくれないか」と頼まれたからです。えー、あの怖い人と？　どうしようかな、と悩んだ記憶があります。もちろん実際にやったら全然怖くなかったし、すごくおもしろかった。勘違いでしたね。

当初はＣＡＹによく来ている照明さんをゲストに、ぐらいの立場だと思っていたのですが、その後、四国での「音と布と光のサーカス」に呼ばれたり、演出についてもちゃんと話をするようになったから、あ、もしかしてぼくってメンバー的なポジションなのかな、と思い始めて。大穂さんに「カチャトラ」に呼ばれて「ぜひやりましょう」となったときは、うれしかったです。彼らとやるのはめちゃくちゃおもしろかったので。

ぼくはもともと、ライブがどんな展開になっていくのかを先読みしながら、ベストのオペレートをするのが好きでした。ステージ上のすべての要素を眺めながら、そろそろ終わりそうだな、とか、いまアゲようとしているな、というのを察知したらちょっと先に照明をアゲていくと、全体が爆上がりする、それが快感で。だから即興ノイズ系、ジャズ系はおもしろいんですよね。

「仕立て屋のサーカス」の場合、そこにさらに布という要素が加わるし、大穂さんの音楽にはおもちゃ箱をひっくり返したような、雑多で予測不能なところがある。それについていきながら表現をするというのは、本当におもしろかった。やるうちにだんだん、みんなでしっかり演出を考えるようになると、クロスオーバーするじゃないですか。音楽がこういう展開になったら、布はこうなって、光はああなったほうがおもしろいんじゃないかというのを全員で話し合って。それが功を奏してどんどん舞台全体がおもしろくなっていったんです。

ぼくの仕事は照明というよりも、空間デザインに近いのかもしれません。照明といえば、ステージ上のものをよく見せるために当てるものですが、ぼくが置く電球は、何かを見せようとするものではありません。

古代人が夜、真っ暗な中で寝そべったときに感じたであろう「宇宙」を表現したい。人口の光がいっさいない中であおむけに寝転がったとき抱くのは、星空を見上げているというよりは、広大な宇宙に紛れ込んだような、宇宙全体に包まれているような感覚だと思うんです。ステージ中央からだんだんと宇宙が広がって、前に広がるステージを見ているつもりだったお客さんが巻き込まれていけばいいな、と。

ぼくも初めはそんなこと、考えていませんでした。単純にお金がないから電球を使っただけでしたが、やっていくうちに電球の持つ意味を強く意識するようになって。プロジェクタを使ったらどうだろう、と考えたこともあります。でもプロジェクタって、オフにしていてもずっと光が出ているんですよ。闇にはならない。古代人が見ていたあの宇宙を感じる星空を表現するには、それは邪魔なんです。

公演中、ライトを手に持ってステージ上に入って動いたりする場面がありますが、あれもいまならムーヴィングというデジタル機材を使って動かすという選択肢もあります。でも、「え、本人が出てきて回すんや！」となったほうが、単純にわくわくするじゃないですか。そういう、人間がやったとき何ができるのかという方向でのおもしろさを仕立て屋のサーカスでは大切にしています。

ぼくが照明の道に進むきっかけは、大学在学中、留学したイギリスで見たオラファー・エリアソン[★53]のインスタレーション作品「Weather Project」ではないかと思います。テート・モダンのタービン・ホールに設置されたその作品は、半円形のオレンジ色の照明をガラス張りの天井ギリギリに吊るしたもので、天井に映って丸く見える。床に寝っ転がって鑑賞するので、みんなででっかい夕日を見ているような感覚になる。しかも天井には自分たちも映るから、死ぬ前に人々が一斉に集まってきた感じがして、非日常感がすごかった。たった一灯のクソでかい照明と鏡だけで、こんなに何時間もいられる空間をつくれてしまうのか、と本当に感動しました。あのような気持ちをつくれたらなあ、というのはずっと思っていますね。まだ全然到達できていませんけれど。

あれからです、美術に強い関心を抱くようになったのは。エドワード・ホッパー[★54]の絵にも、影響を受けました。昔は映画を見ても物語を追っていたのですが、ホッパーに魅せられてからは、絵として見るようになった気がします。アングルと距離と表情の見せ方によって、一枚の絵から勝手に物語が生まれてくる。そういうのって、おもしろいなと。ぼくはやっぱり空間が好きなのだと思います。

【注】

★53 Olafur Eliasson（一九六七〜）人間の知覚を問うインスタレーション作品や、自然現象や環境問題についてのリサーチやプロジェクトを行い、アートを通して持続可能な世界の実現を試みることで知られるアイスランドのアーティスト。二〇二〇年夏にはコロナ禍の東京都現代美術館で個展「ときに川は橋となる」が開催された。二〇〇三年テート・モダンで発表された「Weather Project」は、代表作とも言える作品。

★54 Edward Hopper（一八八二〜一九六七）二〇世紀アメリカの具象絵画を代表する画家。都会的風景に孤独や不安が漂う。物語性を感じるその絵画世界は、写真家や映画監督などその後のアーティストにも影響を与えた。

人生の本質を追体験する小屋

石田悠介（映像作家）

2020・3・30

大学の先輩である照明の渡辺敬之さんとルームシェアをしていた関係で、「仕立て屋のサーカス」の公演はVACANTの頃から観ていました。初めて観たときは、言葉で説明はできないけれど、なんかすげえもん見た、という驚きがありましたね。粗削りでしたが、メンバーそれぞれがパターン化されていないものをつくり出そうとするエネルギーにあふれていて、表面をなぞっているのでは絶対に出てこないパンチというか、強く訴えかけてくるものがありました。メジャーなライブや音楽番組では決して見られないヒリヒリする瞬間や、なんとも言えない美しい瞬間が行ったり来たりしていた。ここには高校野球的な感動とは全く違う「強さ」があると思いました。

公演の最中に感じたのは、人生のいろいろな場面を見ている、ということでした。実際に目の前で繰り広げられているのは、布を裂いたり切ったりしているスズキタカユキさんであり、身体中に布を巻きつけられたまま演奏する曽我大穂さんやガンジーさんであり、照明を持って動く渡辺さんなのに、どこか自分の人生の断片を追体験しているような気がしてくる。例えば恋人と別れる瞬間に味わったあのなんとも言えない感情や空気が、目の前でミシンをかけているスズキさんの姿に自然と重なってくる。同じとき、向かいで見ている別の人は、お父さんとけんかして勘当されたときの場面を思い出しているかもしれない。パフォーマンスを見るうちに、自らの人生のさまざまな場面が走馬灯のように思い出されたり、感じられたりする。仕立て屋のサーカスの公演には、人間が人生の中で感じる本質的なものが凝縮して存在していました。

友人を連れていくと、普段全く違うジャンルの音楽をやっている人や舞台芸術に全く関心のなかった人でも、「なんかすごかった」「最後、すげえ感動した」と興奮していました。わかりやすいストーリーがあるわけではないのに、説明のつかない感情が、性別・年齢・境遇に関係なく、誰の中にも湧いてくる。だから仕立て屋のサーカスという名前はぴったりだと思います。走馬灯のように自分の人生を追体験する、非現実的な小屋そのものですから。

仕立て屋のサーカスの映画★55を撮ってほしいと言われたのは、二〇一七年秋のヨーロッパツアー前のことです。いわゆる普通のツアードキュメントではなく、独立した世界観のある作品にしたいということで声をかけてもらったし、彼ら自身がパターン化されていない未分化のものをつくろうとしていたので、最初からドキュメンタリー作品とは違うアプローチを考えていました。

仕立て屋のサーカスは奇抜なアクロバティックを排し、日常の動作自体がパフォーマンスになりうるという確信を追求しているグループです。彼らを映画にするのなら、同じように何気ない日常の中にある美しさや魅力的な部分を切り取ろうと思いました。

実際の制作は、非常に難航しています。まず二〇一七年のマドリッド公演とジャカルタ公演を撮影する予定だったのですが、渡航直前にマドリッドの会場が撮影NGになり、準備していた現地スタッフやレンタル機材をすべてキャンセルすることに。渡航二日前に撮影OKになったので最小限の機材を買い集め、とりあえず現地に向かいました。当初出演してもらう予定だった役者の人たちが使えなかったので、とりあえず仕立て屋のサーカスメンバーの様子を撮り始めましたが、何もおもしろいことが起きない（笑）。そこで急遽現地でスカウトしたスペインのおばあさんとインドネシアの少年の物語を撮り始めたという感じです。ドキュメンタリーにはしたくなかったので、とにかくカメラをじっと回して何かが起きるのを待つのですが、結局何も起こらない、の連続で。その結果、素材だけが膨大に溜まってしまっています。

彼らの公演は頭で理解させるのではなく、体感させるものです。仕立て屋のサーカスがやろうとしていること、ぼくが彼らの公演で感じたことを、どうすれば「体感」させる映像になるのかを試行錯誤しながら編集しています。

映像は基本的に記録物です。パフォーマンスのように一回で消えることはなく、一〇年後、二〇年後にも見られる可能性がある。だからこそ、いまの時代だからハマる表面的にかっこいいものやおしゃれなもの、きれいなものを追い求めても仕方がない。三〇年後の人が見ても伝わる強い芯のようなものが必要だと思っています。

ぼくは映像を専門的に学んだことはなく、ほとんど独学で映像をつくり始めました。子どもの頃から映像を見るのが大好きで、ジャンルに関係なくさまざまな映像・映画に夢中になり、それが自分のつくる映像の出発点になっています。自分でいろいろつくってみるうちに、映像の種類によって伝えられるものが違うことがわかってきました。長さのある映画やドラマは物語を通して人に何かを筋立てて伝えることができるし、時間の短いMVなどの場合は、より直接的に感覚に訴えかけることになる。

仕立て屋のサーカスの映画はその意味では、長さはありつつも頭で理解するより、感じとるタイプのものになるのかもしれません。本当はその両方ができればいい。そうすれば、彼らの公演を見たときに感じる、直接的なインパクトと断片的な物語、この二重性に通じるような映画になるのではないでしょうか。

【いしだ・ゆうすけ】
一九八四年、大阪府生まれ。短編映画、インスタレーションなどの作品制作から、ミュージッククリップ、コマーシャルフィルムなど様々な分野で活動している。東京都在住。インタビューは二〇二〇年三月三〇日に電話で収録。

【注】
★55　その世界観をさまざまな形で残したいと考える仕立て屋のサーカスは、二〇一七年一一月に行われたスペイン・マドリッド公演をきっかけに長編映画製作プロジェクトをスタート（315頁）。仕立て屋のサーカスの物語を石田の視点で映像化するというこのプロジェクトのクラウドファンディングには、四〇〇人近くが参加した。二〇二〇年中の完成を目指して製作中。

名前を持たない旅人たち

マテオ・フェイホー（ナベスマタデロ・マドリッド芸術監督）

2020・4・6

「仕立て屋のサーカス」との出会いは、二〇一七年五月に私が日本を訪れたときのことです。まず第八回逗子海岸映画祭の会場で、友人の庄司蔵人[★56]さんから多楽器奏者の曽我大穂さんを紹介されました。映画祭での彼の演奏はすばらしく、その音楽性とパフォーマンスに大きな衝撃を受けました。その数日後には、スズキタカユキのコレクション展示会場で曽我さん、スズキさん、渡辺敬之さんに対面しました。

映像で見た仕立て屋のサーカスの演目は非常に魅力的でした。演目の意図やそこで得られる知覚的体験のおもしろさ、そして今後彼らがどのように活動を展開していこうと考えているかなど詳しく聞くうちに、仕立て屋のサーカスの発するエネルギーにどんどん引き

マテオ・フェイホー

込まれ、いまこそ彼らの勢いを世界で発表するべきだと感じるようになりました。

こうして私たちはマドリッド公演[★57]に向けて動き始めました。打ち合わせはいつもとてもオープンな形で行われました。マドリッドという特異な街でこの舞台を適応させるための技術的なことから、彼らの詩的な表現をどう実現するかといった演目の核に迫ることまでたびたび議論を戦わせました。

唯一難しかったのは、西洋人と東洋人の時間の捉え方の違いでしょうか。会場の雰囲気が損なわれるので公演の途中で休憩は入れないほうがいいと主張したのですが、初日公演で実際に観客の様子を目の当たりにするまでは理解してもらえませんでした。

私の頭の中で仕立て屋のサーカスのイメージは具現化されていて、彼らのパフォーマンスには会場選びが非常に重要だと感じていました。マドリッドで彼らの公演に最もふさわしい会場といえば、ナベス・マタデロの一一番倉庫しかない、そう直感しました。実際、公演当日、そこには私がイメージしたのとまったく同じ光景が広がっていて、うれしかったですね。

光、音、空間、そして感情がつねに移り変わる彼らの舞台には、まるで夢の世界を旅するような、神秘的な魅力があふれていました。特別な先端技術や大掛かりな仕掛けはいっさい使われていません。それなのに催眠術にかけられたような、どこか遠くへ連れていかれるような不思議な居心地の良さに包まれる――彼ら自身が話していたように、まさに身近なものをうまく使って「人の心を揺さぶる一瞬をつくる」舞台だったと思います。

マドリッド公演は大成功のうちに終了し、観客のほとんどから非常に熱狂的な感想を得ました。質の高いアーティストによるパフォーマンスと制作者の誠意が合わさり、詩的でエネルギーに満ちた公演が具現化されたとき、マドリッドの観客が熱狂しないはずがありません。当時公演を見たという人と最近会う機会がありましたが、数年を経たいまでも「あれは本当にすばらしい体験だった」と話していました。仕立て屋のサーカスの公演は感覚にとって、あらゆる制約から解き放たれる自由な世界への招待状のようなものだったのでしょう。

私はアートディレクター、オーガナイザーとして、つねに枠の外から仕事をするよう心がけています。専門はダンスやビジュアルアートですが仕事自体は多分野にまたがっていて、その意味では、仕立て屋のサーカスにつながるものを感じます。彼らははっきり決まった名前を持たず、そのパフォーマンスは特定の枠にとらわれない自由なものです。手の届く範囲にあるものを使いながら、あらゆる分野を交差させ、旅を続けている。だからこそ私たちの感情を奥底から揺さぶる物語をつくることができているのではないでしょうか。

【Mateo Feijoo】

スペイン・マドリッドのマンサナレス川沿いに建設された巨大文化ゾーン、マドリッド・リオ（Madrid Rio）の文化複合施設、国際リビングアーツセンター・ナベス・マタデロ・マドリッド（NAVES MATADERO International Living Arts Centre）の芸術監督を務めるとともに、俳優としても活躍。インタビューはメールで行った。

【注】

★56　庄司蔵人　スペインでの二四年に及ぶ生活を生かし、ファッション、グラフィック、映画、音楽など世界と日本の文化をつなぐ活動をしている。湘南を拠点とする移動式映画館「CINEMA　CARAVAN」のメンバー。二〇一七年より「仕立て屋のサーカス」ヨーロッパツアーのコーディネーター。

★57　マドリッド公演　二〇一七年一一月一〇～一二日、一七～一九日、スペイン・マドリッド市営の国際文化センターである NAVES MATADERO の Nave 11. Sala Fernando Arrabal で行われた。

妥協のない手づくり集団

小寺史郎（仕立て屋のサーカス制作）

「CINEMA dub MONKS」、そして「仕立て屋のサーカス」の九州公演の制作を担当したことがきっかけで、二〇一七年よりプロジェクトメンバーとして参画するようになりました。仕立て屋のサーカスはアーティスト集団としては珍しく、裏方的な作業もすべてメンバー全員で取り組みます。メンバー一人ひとりのこだわりが細部にわたるため、まとめるのが非常に難しく、外部の人に委ねることができないのです。

仕立て屋のサーカスくらいの規模になると、作業量や専門性の観点からも、役割を分担していかなくては公演自体が成り立たないのが普通です。演目内容から観客席のレイアウト、マルシェのメニューに至るまで、メンバー全員がああでもない、こうでもないと言い始めたら、話がまとまるはずがありません。

それを解決するのが、いっさいの妥協なく繰り返されるシミュレーションです。舞台全体のシミュレーションを重ねることにより、各自の考えや世界観をすり合わせ、ひとつにまとめていきます。変更に変更の繰り返しで全体の構成を積み重ねていくので、とにかく時間がかかりますし、相当な根気が必要です。

マドリッド、ジャカルタ、サン・セバスチャン、ボルドーの各海外公演にも同行しましたが、どこも想像以上に過酷でした。海外でも公演はすべて手づくりです。ボルドー公演の会場は古い倉庫を利用した場所だったため、着いたらまずメンバー全員で床の掃除から始めたくらいです。現地のスタッフはいったい何をしているのかと首を傾げ、呆気にとられていましたが、準備の前段階から、彼らのシミュレーションは始まっています。朝から設営を始め、会場を出たのは深夜、食事をするお店が一軒も開いてないということもありました。宿泊先はいつも相部屋、シャワーの出ない部屋ということも珍しくはなく、公演以外の部分でも精神力が試されます。適応能力が高いというのも、仕立て屋のサーカスメンバーの特徴かもしれません。

その土地、環境、会場に手づくりの手法で瞬時に適応させていかなくてはならない大変なプロジェクトですが、国内外問わずたくさんの街で多くの方に公演を見ていただけること、そして鑑賞後、お客さまが感動で涙しているのを目の当たりにすると、やっぱりまたこの場所に戻ってきたいと思うのです。

【こでら・しろう】
一九七四年生まれ。九州を中心に、さまざまな企画の制作・運営・プロモーションを手がける。二〇一七年にプロジェクトスペース「UNION SODA」、二〇年にはハンバーガーショップ「GOLDEN BROWN」を福岡市にオープン。「仕立て屋のサーカス」の制作・プロモーションを担当。

手探りでつくりあげるよろこび

大神崇

ぼくは二〇一八年一月まで「仕立て屋のサーカス」で制作を担当していました。彼らとのかかわりは、立ち上げメンバーとして参画していた原宿のＶＡＣＡＮＴがきっかけです。

高校まではサッカーが好きで、部活に打ち込んでいましたが、大学入学後はファッションや音楽に関心が移り、情報を得ようと雑誌を読み漁るうちに、自分もいつか雑誌をつくる側になりたいと思うようになりました。クリエイターになりたいというよりは、かれらのことを伝える側になりたいという気持ちのほうが大きかったです。

大学卒業後は東京の出版社に就職しましたが、配属されたのは編集部ではなく経理部でした。関西から東京に出てきたものの、やりたい仕事ができているわけでもなく悶々としていたとき、大学の先輩だった渡辺敬之から「イギリス留学時代の仲間と原宿にスペースをつくろうとしている。一緒にやらないか」と誘われて、おもしろいな、と思いました。雑誌をつくるのも場所をつくるのも、アウトプットの仕方が違うだけで「編集」の一形態なのではないか。そう考えて、飛び込むことにしました。みんな二三、四歳と若く、もちろん経験もありませんでしたが、おかげで固定観念にとらわれず、自由な発送で新しいことにどんどんチャレンジできる環境でした。当時はリーマンショックの影響で、原宿も店舗がどんどん潰れて元気がありませんでしたが、ぼくらには逆にチャンスに思えました。その意味では、二〇二〇年の今の状況にも通じるものがあると思います。

プレイベントにアーティストのChim↑Pomの展示を行ったり、音楽家の大友良英さんの展示や、今では美術館で開催されるほどの規模に成長したTOKYO ART BOOK FAIRをやったりと、振り返ってもよくこんなイベントを一年目からできたなと思いますね。もちろん、それは多くの方のサポートのおかげですし、本当に人に恵まれていたと思います。イベントでの出会いがまた新しいイベントを生むという感じで、どんどん輪が広がっていきました。インターネットが人をつなぐと言われていますが、ぼくは逆にどんどん分断し、関係を狭くしているように感じます。アート、音楽、ファッション、建築、食など、日々違うジャンルの新しい動きが生まれていたVACANTは、一つの言葉では定義できない場所でした。使う人によって、空間がガラリと変わっていくのを見るのも、楽しかったです。ぼく自身、イベント企画の経験はゼロでしたが、どうせやるならと自分が好きなアーティストの方たちにお声がけしました。失敗もたくさんしましたが、ここでの経験は間違いなくその後の活動に大きく影響していると思います。

VACANTが始まって少しして、知人から「スズキタカユキというファッションデザイナーが実験的なパフォーマンスをしたいと言っている。場所を貸してくれないか」という依頼を受けました。スズキさんと大穂さんとは、その「ルノメーターズ」というイベントがきっかけで知り合いました。

当初、ぼくはあくまで「会場の人」として、曽我大穂さんたちからVACANTでイベントをやりたいという話があれば運営を手伝うというスタンスで、CAYでの「CINEMA dub MONKS の布と音と食の大サーカス展」もお客さんとして見に行っていました。そのうちに彼らが決まったグループとしていろんな場所でやることになり、それなら制作が必要だろうというので、ぼくに話が来ました。

恵比寿の「カチャトラ」に呼ばれて話を聞いたときは、ぜひやってみたいと思いました。イベントは毎回人も中身も入れ替わりますが、仕立て屋のサーカスは毎回固定メンバーでやっていた。イベントって、どうしてもやりっぱなしになってしまうんですよね。形にならない。でも、グループなら少しずつ積み上げができてくる、そこには惹かれるものがありました。

バンドのように同じメンバーでいろんな場所に行くのも楽しそうだったし、VACANT以外の場所でイベントをやることにも興味がありました。仕立て屋のサーカスは通常のイベントと違って会場によって見せ方が変わるので会場探しが難しい反面、かかわるのならそういうところも一緒にやってみたいと思いました。

とくに会場探しは楽しかったです。ぼくは一つのものが生まれるプロセスにかかわっているときが一番ワクワクします。どこでどんなことをやろう、とみんなで話し合うのは楽しかったし、メンバーが各々いろんな活動をしているぶん、それぞれが独自のつながりを持っていて、それが会場探しに役に立ちました。はじめは雰囲気のある倉庫のような場所を意識的に探し、上から布を吊るすのが難しい場合は、物干し竿を借りてきてDIYで吊るしたりもしましたね。

印象に残っているのは、二〇一六年の夏、九州公演をやる前に一人で一週間、鹿児島、熊本、福岡へ会場探しに行ったときです。場所をいくつか回り、現場の様子をメンバーに報告しながら会場を決めていきました。地縁のない地方公演の場合、街の人の協力は欠かせません。地元のお店の方が間に入って紹介してくださるだけで、お客さんに知ってもらうチャンスはぐんと広がりますし、本当に色々と助けていただきました。普段は地元でセレクトショップをやっているような方が多く、いわゆるイベント制作のプロではありませんが、だからこそ気持ちで動いていることが伝わってくるんです。そういう方たちとあれこれ考えながら一緒に公演をつくれたのも、とても貴重な経験でした。

メンバーたちとハイエースを借りて機材を運び、安宿に泊まりながら回った九州ツアーは、一つの旅のようでした。体力的にはしんどかったですよ。一週間のうちに三か所で公演したのですから、設営までしなくてはいけないスズキさんや渡辺は相当きつかったはずです。でも、あのとき国内ツアーを初めてやったからこそ、スケジューリングなどのコツがつかめてヨーロッパツアーにつながったのだと思います。ぼく個人としても二〇一六年は、次の段階に行くための移行期間だったかもしれません。

現在の活動の中心であるフットボールカルチャー誌「SHUKYU magazine」を立ち上げたのはその前、二〇一五年の五月のことです。VACANTでの活動は刺激的でしたが、三〇歳を目前にしたとき、再び別のことをやってみたいという気持ちが膨らんでいることに気づきました。もともとVACANTは場所を一緒に運営しつつも、各自が自由に活動していこうというスタンスで始まった場所で、インテリアデザインや写真集のディストリビューション、ブランドコンサルティングなど、みんなそれぞれに活動を展開していました。良くも悪くも、まとまりはなかったですね。ぼくも海外アーティストを呼ぶ音楽イベントを企画したり仕立て屋のサーカスの制作に携わったりと、いろんな実験と経験を積み重ねる一方、ずっと場所やイベント制作だけに携わっていくのはどうなのかな、と考えるようになって。

そこで、場所づくりとは違った形でぼくがやりたい「編集」といえば、やっぱり雑誌づくりだな、と思い至ったんです。二〇一〇年代に入って、日本でも個人で本や雑誌をつくり販売できる環境がかなり整ってきましたが、VACANTでやりたいことをやらせてもらっていたぶん、かつてのようにいわゆるカルチャー雑誌をつくりたい気持ちは失せていました。じゃあ何をテーマにするのか。そう考えたとき思いついたのが、サッカーでした。

スポーツって、ファッションや音楽、美術と対極に位置すると思われがちですよね。体育系と文化系には距離があり、その両方を好きなぼくが読みたい雑誌は日本にはなかった。でも海外ではイギリスなどでカルチャー要素の入ったおしゃれなサッカー雑誌が出てきていて、ぼくもVACANTでの経験を生かせば、文化としてのサッカーに焦点を当てた雑誌をつくれるのではないか。「SHUKYU」はそういう思いから始めたのです。

出版社に二年間勤めたとはいえ編集のスキルはゼロ、サッカー関係の人脈もありませんでした。でも振り返れば、VACANTでも仕立て屋のサーカスでも、ぼくは何かを一からつくるということをやっていたし、その手探り感こそが好きだったんですよね。雑誌が売れない時代だということはわかっていましたが、だからこそ従来の雑誌的な動き以外のこともできる、ある意味チャンスじゃないか、と思えた。少なくとも、日本でそういうサッカー雑誌をつくっている人はいませんでしたし。

仕立て屋のサーカスの周りには、何か一つのことだけをやっているというよりは、自由な活動をしている人が多いですよね。ルールのない環境で一緒にやるというのは、実はすごくハードルが高い。だからそれなりに力のある人が集まってくるのだと思います。

アウェイの状況は、モチベーションになります。VACANTにしろ仕立て屋のサーカスにしろ「SHUKYU」にしろ、前例のないものを一から立ち上げるときには、ある程度の反発があります。でもそれはエネルギーにもなる。サッカー雑誌をつくると言ったときには周囲に驚かれましたが、場所、グループ、雑誌、と最終的なアウトプットが違うだけで、ぼくとしては基本的には同じ「編集」をしているという感覚です。

「SHUKYU」では、毎号一つのテーマについて多様な切り口で伝えています。サッカー業界の人だけではなく、アーティストやクリエイターにもかかわってもらうことで、サッカーの新しい魅力を今まで関心のなかった層にも伝えたい。ぼくは異ジャンルの人を組み合わせたイベントを企画していた頃から、ずっと同じことをやっているのかもしれません。

雑誌がイベントや公演と違うのは、自分のコントロールできる範囲が広いということです。イベントではブッキングはコントロールできても、当日その場で起きることについては関与しようがない。一方、雑誌は素材の並べ方や組み立て、ページの強弱を自分でつくっていくことができます。その魅力が自分には大きかったのだと思います。

自分たちの思いを引き継いでくれる人が出てきてほしいという気持ちはやっぱりありますね。どんなにおもしろいことでも、自分だけではいつまでできるかわからない。仕立屋のサーカスのメンバーも、自分たちから刺激を受けて何か新しいことを始める人が増えてほしいと願っていますよね。ぼくが雑誌をつくるのも、同じ願いがあるからです。紙の本は物として残る。だからぼくがいなくなった後にも、読んで何かを受け取る人がいてくれたらと思いますし、そう思われるようなものをつくり続けていきたいです。

自分自身の心に耳を傾け、自分が発するものを聴き、ほかの人はどう考え、何を望んでいるかなど、考えるべきではありません。なぜなら自分に正直であれば、私たちが共通して持つ「何か」に出会えるからです。共通する「何か」とは、個人的なものではありません。それはあなたも私もみんな持っているものです。それは自分自身の中にしか見つけられないと思います。それが正しければ、いつかは分かるものだと思います。

——ピナ・バウシュ（振付家・舞踊家）

強度のある表現と長く続くルールを求めて

曽我大穂

小さくても強度のある声を

強度のある表現とは何か、ずっと考えています。

高校時代、仲の良かった友達がいました。本ばかり読んでいる読書家で、自作の詩を見せてくれたり、ぼくの隣でギリシャ神話の一節とか、当時のぼくにはほとんどわからないような難しいことを、よくつぶやいていました。彼は在学中に亡くなってしまったのですが、彼のつぶやきだけは、ぼくの中でわからないまま残っていました。

その後、旅をしながら路上で生活していたある朝、歯を磨いていたときに「ああっ！」

と、彼の言葉が腑に落ちた瞬間があったんです。あのときの感覚は忘れられません。旅の最中、ぼくは若かったせいか、心や身体に負担をかけるというか、無理なところまで追い込みがちだったのですが、そういうとき強度をもって響いてきたのが彼の言葉でした。その場ですぐ理解できたり、感動するものだけがいいものというわけじゃない。いつか自分が人前で何かを発表することがあれば、見た人が数年後にふと思い出し、「ああ……」と、じんわり感動してくれるような表現、漢方薬のようにゆっくり効いてくるようなものをつくり出したいと思いました。

昨今、後から効いてくるタイプの声がおろそかにされてきていると感じます。「仕立て屋のサーカス」では、公演をつくり上げる中で、即効性はないけれど、強度はずっと強い。そういう表現とはどういうものなのかを探し続けています。

例えば光、照明です。渡辺敬之くんがつくり出す光には引き算の美学があります。決して明るすぎず、暗い時間が多いし、扱う照明機構の仕組みもかなりシンプルでアナログです。そこがぼくが彼を誘った大きな理由の一つです。最近の音楽ライブは、映像や照明を派手に使った演出が中心です。映像や照明を入れるとエンターテインメント性は高くなるけれど、本来の演者自身の強度、パフォーマンス全体の強度が見えにくくなる気がします。テクノロジーで覆い隠さず、演者自身の強度があらわになる表現。仕立て屋のサーカスは、そういうやり方を大事にしています。

演劇もダンスも音楽のライブも、照明や映像に頼らないほうに全員がシフトすれば、もっとおもしろくなる可能性があるのではないでしょうか。そうやって完成した舞台表現は、五〇〇〇年前の人でも一〇〇〇年先の人でも再現できて楽しめる、時間の経過に耐えうる舞台になるはずだと思うのです。

音楽でありダンスであり演劇であるもの

本当に強度のある表現ならば、ただ演者が見えているだけでいいのかもしれないと思うこともあります。

仕立て屋のサーカスの次の公演に備え、大きく脱皮できるいいアイデアがないか考え込んでいたときのことです。ヒントを探してさまざまな本を読んだり、記憶を辿ったり、過去の公演映像を見直したり、世界の舞台芸術の動画を見たり。なかなかピンとくるものがなかった中、疲れた頭を休めようとふと見始めたニーナ・シモン[★58]のいくつかのライブ動画に目が釘付けになりました。その直前まで見ていたどの舞台表現や美術表現よりも、なぜだか圧倒的な強さを感じたのです。彼女はあるライブで、一曲目をポロローンと弾きながら、ちらっと客席を見た後、「あんた今日調子悪いの？」と客に話しかける。そしてそのまま立ち上がり、客席へ。ニーナの姿はカメラから消えていて、声だけが聞こえている。「調子悪いなら言ってよ、私考えるから」とか言って戻ってきたかと思ったら、バックバンドに「さっきの曲はやめ」と指示して弾き始める。そのタイミングや客との会話、彼女の言葉、歌、バンドの表情、仕草や衣装、そしてそれを見つめる観客の表情……一つひとつが有機的に絡み合って味わい深く、シンプルな音楽ライブにもかかわらず、あらゆるものが詰まった新しいサーカスのように感じました。

いまでは世界中で行われている音楽ライブですが、数百年前までは、音楽公演は単体では存在していなかったと、聞いたことがあります。常にダンスや演劇とのセットであったのが、あるときから単体のライブとして受け入れるようになったのだ、と。優れた音楽家がライブに真摯に向かっているとき、ぼくらはそこで鳴っている音だけに魅せられているのではありません。客席やバンドとの間に即興的に行われるコミュニケーションに演劇のような見応えを感じることもあれば、演奏する姿や、一つひとつの振る舞いがダンスのように見えることもある。さまざまな魅力を内包した総合芸術の舞台として完成されている。だからこそ人々が求めたし、音楽単体の公演が世界に広がっていったのかもしれない――ニーナ・シモンのライブを見ながら、そう思いました。

ぼくが長く住んでいた沖縄の優れた音楽家たちも、みんなそうでした。音ももちろんおもしろいけれど、ステージ上で赤裸々に怒ったり笑ったり泣いたりする、その立ち振る舞い自体がおもしろく、即興芝居のようだったのです。

長く残るものが持つ黄金ルール

七年目の今のジレンマは、どんどんスピードが落ちていることです。最初の二年の爆発力を保つのはやっぱり難しい。

結成時、二、三年後のビジョンを掲げました。一つは、結成二年目からは海外公演しかやらないグループになっているということ。早い時期に敢えて日本を離れてみよう、と。もう一つは、結成三年目にはみんなが今やっている役割はもうやっていないということ。渡辺くんは照明じゃないことをやっているし、ぼくも音楽から離れている。そうなっていたら、まず第一段階としては成功かな、って。まだまだ全然至っていませんね。

長く残っているものには、絶妙なルール・決まりがあると思います。

六五〇年以上続いている表現として「能」のことを勉強していたとき、驚いたのは思ったほど中身が決まっていないということでした。鼓は即興の要素が多くてジャズのようだし、衣装も当日パッと目に入ったものを着てきたほうがいいという師匠がいたり。違う流派の人同士でやるときなど、流派が違えばタイミングも全部違うのに、本番前に一度だけ「申し合わせ」と呼ばれる簡単なリハーサルをするだけ。きっとそこにはすごく柔軟なルールがあるのだと思います。世阿弥はすごい量の実験を重ねて舞台数を踏んだ上で、感覚的にそれを選び取り、能楽を一〇〇〇年続くものへと完成させていったのでしょう。世界中で楽しまれているサッカーにしても、手を使わないというルールに加えて、あのオフサイドというルールができたことで「名勝負」が増え、より楽しめるようになったから世界に広がったのではないでしょうか。一つの優れたルールが存在することで、年代も文化も時代も超えて、多様な人たちがおもしろがることができるのです。

仕立て屋のサーカスの場合、そのポイントはなんだろう。それさえ守れば何百年先の人たちも楽しめるシンプルなルールが、どこかにある。新しい舞台表現の元となる「こぶ」をつくりだせるようなルール。それをどうにかして探していきたいと思っています。

2020・2・5

転機としてのアーティスト・イン・レジデンス

城崎国際アートセンター★59のレジデンスが決まったのは二〇一八年秋のことです。二〇一七年頃から、マンネリ化を懸念する声が内部から徐々に出始めていました。それに対して、ぼくは二つのことを考えていました。

結成から二年目までは、メンバーそれぞれの生きてきた経験と蓄積がありますから、おもしろいことができるのは当たり前です。そこから大きく脱皮するには、一定期間、メンバー全員でみっちり籠ってやり直す必要があります。でもメンバーはそれぞれ奈良、東京、広島とバラバラのところに住んでいて、全員が集まれる機会が少なかった。電話やネットでミーティングだけを重ねて、公演前日に集合するような状況では、説得力や強度のある新しい演目をつくることは難しい。そのためには常設の専用リハーサル会場が必要です。だからぼくは、公演やライブで地方に行くたびに不動産屋を回ったり、長期の会場使用に協力してくれる人を探していました。

と同時に、別の方法もいくつか並行して試していました。いまの公演スタイルを強化することでよい方向に進む可能性はないのかとか、ゲストを迎えたり、海外公演を重ねることで刺激や学びが得られて、ぼくら自身に変化が訪れるんじゃないかとか。

しかし、常設のリハーサル会場は見つからず、あまり成果を得られないまま、城崎でのレジデンスの時期が迫ってきたのです。

二〇一八年五月のレジデンス申請時に考えていたのは、サッカーのようなスポーツを取り込んだ重層的な演目の制作でした。仕立て屋のサーカスの輪の外側にもう一つサークルをつくり、あるルールに基づいたダンスとスポーツの間のような競技をぼくらとは別に行うのです。ダンサーたちは外の円でそのスポーツをやっていて、布でできたボールだけがぼくらの間を行き交う。真ん中に吊るされた布にボールが当たると一点入るとか。見ているうちにルールがわかってきて、スズキくんの布をさばく作業を見る人もいれば、ぼくの音楽を聴いている人もいる。ゲームのほうに夢中になる観客も出てくる。さらに外側の輪にまた別のルールで動くグループを入れ、バウムクーヘンのようにどんどん増やして三重、四重と重層的にしていったら、おもしろいのではないか。こんな演目の制作をレジデンス中に追及するという案を提出しました。

でも、申請から一年半が経ち、実際のレジデンス期間が近づいた頃に思ったのは、まずはサーカスの中心を担うぼくとスズキくん二人で一からつくり直すべきだ、ということでした。ぼくとスズキくんとガンジーさんと渡辺くん、団長の大神くんの五人で始まった仕立て屋のサーカスですが、実質本当に深くコミットしていたのは、この二人だということもわかってきていました。二人の間でも、合っているところと全くずれているところとが、重要な部分でまだら模様のように混在していた。お互いに誤解や不調和を全部出し切らないと、前に進めない。それに、音楽でも新しいジャンルができるとき、その中心には常に圧倒的な表現力と確かな技術を持つ人たちがいました。だからぼくとスズキくんの能力がもっと強化されなきゃだめだ、と思い至って。そういうわけで、城崎には二人だけで入ったんです。

レジデンスに入ってまず話したのは、仕立て屋のサーカスの六年間はコラボレーション企画の域を出ていなかったのではないか、ということでした。結成当初から「CINEMA dub MONKS」とスズキタカユキと渡辺敬之が年数回集まるコラボ企画と思われがちで、そうではなく各々のメインプロジェクトになるところまで育てていこうというのがみんなの一致した意見でした。でも一年中全員で動いているわけではないし、実際には、各自がほかの仕事で得たアイデアを自由に試せる遊び場のようになっていたのではないか、と。

呼びかけ人として、仕立て屋のサーカスをもっと早い時期に遠くまで転がしていけなかったことには責任を感じています。もしうまく転がせていれば、みんな何も考えずに「サーカス」だけでやっていこう、となっていたかもしれませんから。

二年目以降は基本的に海外公演だけにしたい、と言ったのもそういう理由からです。日本ではどうしても、見る人それぞれが事前に持っている情報から「〇〇のスズキタカユ

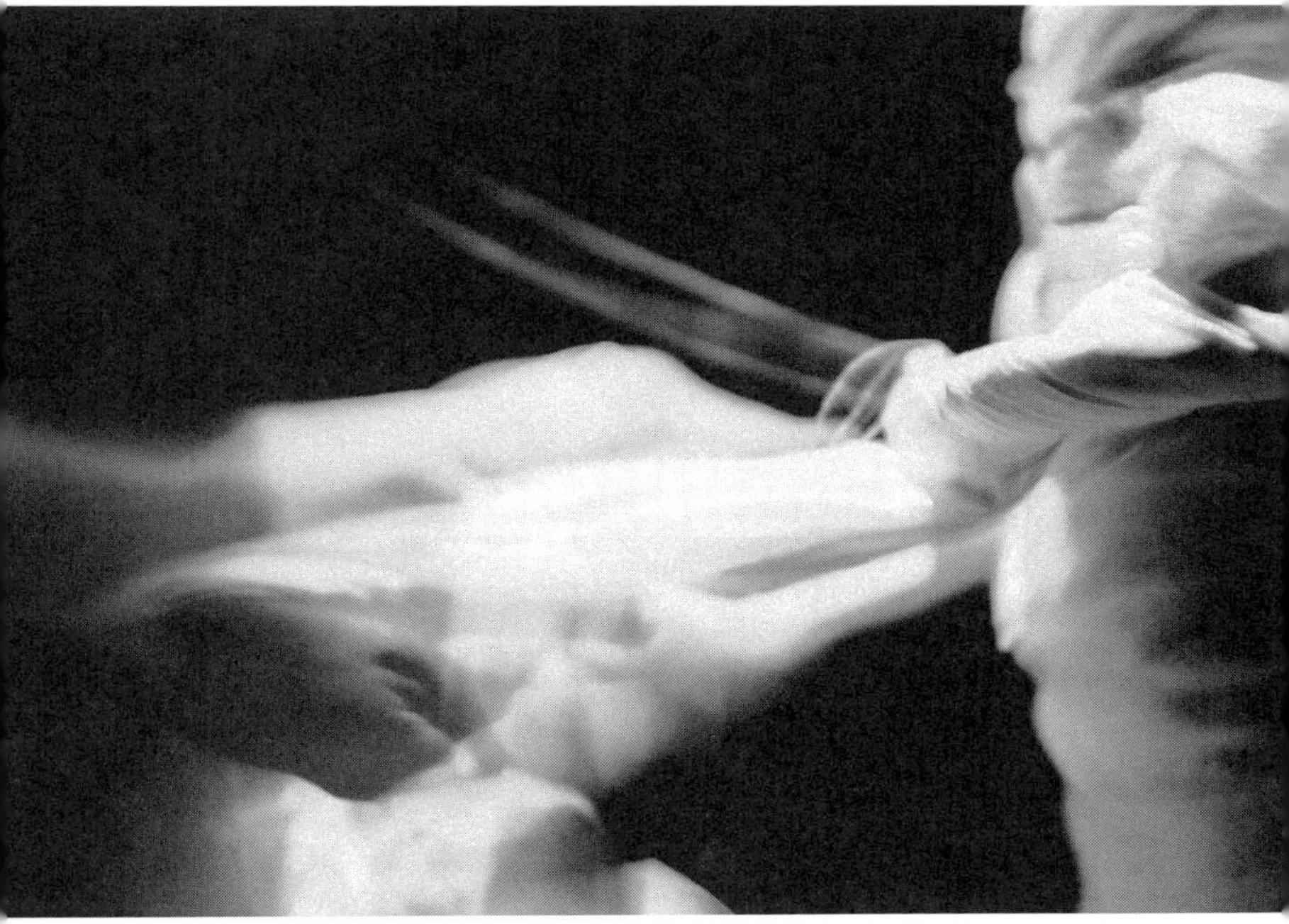

キ」とか「〇〇の曽我大穂」と、バイアスのかかった状態で見られてしまう。本当に純粋にパフォーマンス自体に息をのんでいるのか、普段別の〇〇をしている人がいまこれをやっていることに感心しているのか、見極めるのが難しい。バイアスがゼロの環境で仕立て屋のサーカスの実力を確認する必要があったし、パフォーマンスの強度を高めるためにも、普遍的な何かにたどり着くためにも、国内公演を繰り返すより、海外でさまざまなルーツを持つ人たちに晒しながらつくっていくほうが、絶対に速いと思ったのです。

城崎のレジデンスでは、曽我とスズキ二人のコミュニケーションのすり合わせと、運営面の改善、そして仕立て屋のサーカスの本筋、根幹を探して演目を磨くこと、この三つを並行してやっている感じです。

仕立て屋のサーカスの表現は一見、急速に伸びていったようにも見えますが、これを突き詰めても先細りになる予感がありました。結成当時のわけのわからないところに戻って、そこから別の太い枝を育てる必要がある。

今回、いろいろな人が仕立て屋のサーカスについて話してくれるのを読んで、ぼくはやっぱりサーカスが好きだったんだな、と改めて自覚しました。ぼくが若い頃現代サーカスにワクワクしたのは、名前のつかないさまざまな舞台芸術を「サーカス」という枠がふわっと受け止めてくれていたからです。現代サーカスのひとつであった「ジンガロ」が最後には「騎馬スペクタクル」と名乗ったように、サーカスとは、誰も見たことのない新しいジャンルを切り拓いていく人たちの、ゆるい自由大学のような存在なのではないでしょうか。

驚くような身体的技術やおもしろいストーリー、新しいテクノロジーがあるからではなく、人がある作業をしている様子を眺めながら、つい他のことを考えたり想像したりしてしまう、というあの状況をぽん、と舞台に載せたい。仕立て屋のサーカスの本筋は、「物づくりの姿、作業」自体を純粋に見せるということですから。職人さんの動きもそうですが、もっと身近には、お母さんが野菜を刻む包丁の動きのパターンとか、完全に身についている動きってありますよね。あそこからやり直せないか。そういう思いで、ぼくとスズキくんの一つひとつの動き、行為を根本から見直しています。

【注】

★58　Nina Simone（一九三三〜二〇〇三）アメリカのジャズ歌手。一九五〇年代にポップス、ソウル、R&Bなどジャンルを横断して活躍したが、六〇年代後半から黒人公民権運動に傾倒、音楽シーンから遠ざけられていった。

★59　城崎国際アートセンター（ＫＩＡＣ）　兵庫県豊岡市、城崎温泉街にある世界有数の舞台芸術のためのアーティスト・イン・レジデンス施設。最長三か月間滞在制作に集中できるという破格の支援は、城崎の大胆なまちづくり改革によって実現した。仕立て屋のサーカスは二〇二〇年二月一～一五日に曽我とスズキが滞在。新たな演目の創出に取り組み、作家・いしいしんじや即興音楽家・野村誠との公開パフォーマンスも行った。

七年目のディスカッション

曽我大穂×スズキタカユキ

2020・2・10　城崎国際アートセンター

慎重なエンターテイナーと楽観的な美術作家

曽我　昨日は照明を動かさず、ミニマムな構成でやってみたら、かなり見ごたえのある大人っぽいものができたよね。でも公演でいきなりこれをやったら、お客さんの半数は「やばい、ハードル高いの来た」と思って引いてしまうかな……。

これはぼくの悪い癖だけど、大きい変化を起こそうとするわりに、これまでとのハイブリッドにしちゃうんだよね。もちろん、常設のリハーサル小屋が持てて、確信の持てるところまで磨いた上で公開するのなら、バーンと行けるんだけど。スズキくんのほうが、いつも「ストレートに出しちゃえばいいじゃん」と言うよね。

スズキ　そのへんはぼくのほうが楽観的なのかもしれないね。ぼくは音楽家としての大穂を信じているから、極端なチャレンジをしてお客さんが離れてしまったとしても、ちゃんと誠実にやっていけばいずれは元に戻るだろうという楽観というか、確信がある。まあこれは、ぼくの性格なんでしょう。

曽我　こういう綱引きができるのが、二人で組む利点だよね。ぼくのパターンだけでいくと、結局公演ではやわらかくなってしまうし、スズキくんのように思い切りやると、アングラになりすぎて客を失う可能性がある。ミロコマチコちゃんと一緒にやったとき★60も思ったけど、ミロコちゃんやスズキくんには「好きなことやっちゃえばいい」という同じ気持ちよさがあるんだよね。それは美術家ならではの精神だと思う。

ぼくは若い頃ストリートで育って、人様のお金で刹那に人生を過ごしてきたという思いがある。それにあらゆる芸能を育てたのは、やっぱり民衆で。「能」のルーツとなった芸能も民衆に支えられてどんどん進化されていったし、ジャズだって大衆からの絶大な評価によって新ジャンルとして確立していった。だからお客さんの評価は、長く残るものの基準になると思っているところがある。村人が誰も評価していないのに長く残る地域の祭りって、少ないでしょう。

でも、ぼくのこの微調整していくやり方がいいとは思っていない。すべては常設の小屋があれば解決する話なんだ。小屋さえあれば、自分たちが納得できるまで磨いたものをバーンと出せるし、それを出してお客さんがいっとき離れたとしても、ぼくはしつこいから一、二年はやり続けられる。

そう思える背景には、若い頃の経験があって。「CINEMA dub MONKS」を組んだ当初、沖縄では全くそっぽを向かれたけれど、同じ内容を一週間後にバルセロナでやったら、ドーンとヒットした。自分がいいと思ったものを、自分の街や友人や家族が必ずしも支持してくれるとは限らないけれど、世界のどこかにはハマる国、地域が必ずあるんだよね。

スズキ　だから大丈夫ってことじゃないの、ってぼくは思っちゃうんだけど。

曽我　でも具体的にこの六年間を振り返ると、やっぱりそれは理想論だった気がするんだよね。スズキくんの案はいいなと思うことが多いからこそ、ぼくはそれが本当に実現できるのか反証したい。ちゃんとしたお膳立てがないままでは、やっぱり突入できないよ。言うのはロックでかっこいいけれども。

スズキ　大穂の言うこともわかるけれど、保険があれば極端なことができるのかといえば、それも違う気がしていて。

曽我　でもさ、ぼくのほうが音楽ではそもそもずっと異端だったんだよ。

スズキ　このギャップがおもしろいよね。ミーティングではぼくのほうが悪い意味でバランスをとる癖があって、大穂のほうが極端。演奏スタイルもそう。行動としては大胆で極端なことをやるのに、メンタリティは慎重で。ぼくのほうが行動面はバランスをとるけれど、メンタルは極端なんだよね。

それはぼくはおもしろいと思っていて。同じタイプだったらきっと一人でやっていたと思う。そのほうがすっきりするから。

曽我　うまーく違うポイントでずれあっているんだよね。だからお互いのコミュニケーションの癖を一〇〇パーセントつかんで、何でも誤解なく話せる関係になれば、いろんなことがすごく速く進む気がする。

言葉でどこまで伝えられるのか

スズキ　今回の滞在制作を通して大穂とじっくり話す中で、ぼくももっと踏み込まなきゃいけないんだと思うようになったかな。やっぱり少し引いていたところがあったから。大穂はかなり強く思っているだろうし、自分としては譲ってもいいという場合には、譲っちゃっていたと思う。

曽我　ヨーロッパ遠征中の話し合いで「大穂はどうせ譲らないでしょう」と言われて、「俺と話すときはいつもそういうバイアスのかかった状態で会話していたんだな」と初めて気づいたけど、ぼくは自分の意見を通したいわけじゃないんだ。

ぼくは誰かの意見に九九パーセント同意していても、呑み込めていない一パーセントの部分を質問することで、アイデアの精度が増すと思っているの。だいたい同意だからといってスルーしちゃうと、そのアイデアはぬるいままになってしまう。逆に、その一パーセントがきっかけで、「ああ、全然だめだった、俺の意見！」と気づけたほうが前に進める。そういうことが起きないと自分は成長しないし、グループとしてもおもしろい方向には進んでいかないんじゃないだろうか。

もちろん、やってみて初めて気づく手もあるだろうけれど、やっぱり腑に落ちていないことはやる前に伝えてほしい。そうすることで、ぐにゃんぐにゃんのスライムのようだったアイデアがしっかりしてくるし、よりどころができるから。

スズキ　そこはぼくはちょっと逆なんだよね。人にはやわらかい部分と硬い部分が混在しているから、つかめていると思えばつかめていなかったり、つかめていないと思っていたのにやっぱりつかめていたとか、そういうことが結構ある。ぼくの場合は言葉上だけでのディスカッションがあまり好きではないから、それなら一回やってみればいいじゃん、となってしまう。
いまは仕事でしゃべらざるを得ない場面が増えているから比較的しゃべるけれど、思考と言葉がイコールという感覚はいまだに薄いんだよね。システムやお金のようなことは話し合いで解決できることが多い。でも表現についてはいくら言葉で伝えても、微妙な誤解がなくなることはないと思っている。実際、違うかなと思いつつやってみたらできちゃった、ということもあるし。そういう意味で、言葉中心のやり取りにはやっぱり少し抵抗がある部分もあって。もちろんそこに踏み込んで自分を変える必要があることはわかるし、そうすることでおもしろいことが生まれればいいなと思っているけれど。

曽我　ぼくらが二〇代で出会っていれば、時間はたっぷりあっただろうし、極端なことをガンガンスピーディーに試せたかもしれないよね。いまより忍耐力や体制は弱いから、刹那的に終わってしまっていた可能性もあるけど……どっちもどっちか。

スズキ　いまのほうが建設的な話し合いはできるかもしれないね。

曽我　でも、ぼくがアイデアを提案するときって、実は言葉より前に立体映像が頭の中にあるんだよ。演目のことだけじゃない、仕立て屋のサーカスの一年間の運営についても、春夏秋冬のイメージがあって、それに合う言葉を探しているだけ。ぴったりな言葉を知らなかったり見つからないことも多いから、相手からの質問がほしくなる。質問をもらうことで映像の精度が上がり、細かいところが見えてきて、「ああ、俺の妄想は地に足のついていない、宙に浮いたものだったな」とか「その速度で人は移動できないや」と気づくこともできる。言葉を駆使しているようだけど、実は言葉の議論をしているわけではなくて。この映像が本当にちゃんと動き出すのかどうか、それをつかみたいの。結局ぼくの頭の中の映像は、自分のこれまでの経験にしか基づいていない。ディスカッションすることで、厚みを出していきたいんだよ。

スズキくんは言葉を信用しないと言うけれど、きっと頭の中には同じような立体映像があると思う。それをお互いにぶつけあうには、いまのところ、言葉を探すしかないんじゃないかな。

ぼくが多様性を求める本当の理由

スズキ　同じビジョンでもとらえ方が違うこともあるしね。ぼくはどこかフィルターのかかった状態で話していると思われることが結構あって、それは自覚している。常に自分のイメージと言葉とのずれを意識して話してはいないし、ふんわりとわかりやすいワードだけで話しているときもあるから。効率化しているのかもしれないね。あらゆる人にとこととんまで話して、いいところを見つけていこうとは思っていない部分もある。

曽我　出会った頃、スズキくんのは東京のやり方なんだろうな、と思ったな。というのも、沖縄の音楽界って人材が常に足りていなくて変人だらけだったから、やりにくい人を全部切っていったら一人でやるしかなくなる。だから人手が必要なことをやるときは、どんなに時間がかかろうと、何とかすり合わせてみんなでやるしかなかったんだよね。

あと、幼いころからいろんなアイデアが頭に浮かぶ癖があって、それがみんなの常識とずれていたのか、うまく説明して伝えないと聞いてもらえなかったの。スズキくんみたいに「大穂いいじゃん、やってみなよ」と言ってくれる友達がいればよかったけど、そんな人は周りにいなかったから、うまく伝えないと誰も動かない。とにかく自分の脳内の映像をうまく説明して伝われば人は動くけれど、伝わらなければ実験さえしてくれない、というのが刷り込まれているんだよね。ちゃんと伝われば、みんながおもしろく過ごせるはず、というのもあって。

もちろん大人になったいまは、みんなで一緒に楽しむのが好きな人ばかりではないから、みんながその場に存在しているだけでも悪くないという程度でいいなと思うけれど。そういう感覚が、仕立て屋のサーカス全体の雰囲気にも影響していると思う。

スズキ　大穂はいい意味ですごく特異体質で、アーティスティックなものを持っているわりに、説明が上手なんだよね。ぼくは物づくり職人的で、身体で覚えているから、ぼんやりでも方向が定まれば、やってみてできちゃうところがある。だから大穂にも、「とりあえずやってみようか」と言っちゃう。

曽我　ぼくは小さい頃から、「好きだ」と言葉にしてもらえないと自分が好かれているのかどうか、身内の気持ちさえもわからなかったんだよね。人の表情がうまく読めなくてコミュニケーションでしくじることが多いから、発せられた言葉を唯一の手掛かりとして、必死につかもうとしてしまう。こうやっていっぱいしゃべったりして社交的だから、表情が読めないことを信じてくれない人も多いけど。でも逆に言うと、みんなは表情が読める能力を生まれつき、努力なしで獲得しているでしょう。ぼくはそこが弱かったから、生きる中で補うコツを一つずつ見つけていくしかなかった。コツを発見した瞬間はいっぱい覚えているし。

そういうこともあって、ぼくは本能的に多様性のある社会を欲していたんだろうな。息苦しかったんだと思う。ぼくの行く道は段差だらけなのに、みんなはなんであんなにスイスイいけるんだろう、と思っていた。ぼくのような人が世界にはグラデーションのように存在しているのに、できる人／できない人、と大雑把に分けられている。そうじゃないんだよな、というのがいつも心にあるんだよね。

スズキ　大穂はその意味で特殊かもしれないけれど、すごいレベルだよね。だってコミュニケーションが全くできない人もたくさんいるし、あきらめている人も多い。大穂はそうじゃない。身についているし、それは本当にすごいことだと思うよ。ぼくはコミュニケーションが下手とは思わないけれど、弱点も多いから。

曽我　察知能力が高い人ほど、言葉は下手なのかもしれないね。でも、ぼくが支障なく生活できているのは、ラッキー以外の何物でもないと思う。いつも、みんなはなぜわからないんだろう、と思ってた。子どもって自分が正しいと思いがちだし、言葉を知らないからよくキレて、友達に無視された時期もあった。でも幸い親がたくさん本を読ませてくれたし、運動が得意なほうだったから、そこまでいじめられることはなくて。偶然、小学一年生で少年野球のチームに入ったことも、コミュニケーションの練習になってよかったみたい。大人になって一人旅を始めたら、一人はこんなに楽なのか、と愕然としたけれど。でも、幼いうちにチームプレイを経験できてコツを見つけやすくなったのも、やっぱり偶然なんだよね。だからあきらめちゃっている人がいるというのも、わかる。たまたまそういう流れになってしまっているけれど、周りが理解して接すれば、うまくやっていける人は多いんじゃないだろうか。一つずつコツを見つけていければいいのだと思う。

ぼくはつい物事を単純化しちゃうところがあるけど、スズキくんみたいに察知能力の高い人は、教えられなくても多様性を感じられているんだろうな。

スズキ　でもやっていることは逆なんじゃないの。大穂のほうが多様性を意識しているし、俺のほうが自分のスタイルで仕事をしている。おもしろいよね。ぼく自身は、ぐるっと回って、もう少しわがままでいたほうがいいと思ってる。

曽我　そんなに察知できる能力があったら、わがままに行かないと、逆に息苦しいかもね。

スズキ　そう。気になって気を遣いすぎてしょうがないんだもん。ただ幸い、ぼくの場合はそこがあまりストレスにならない。例えば、仕事で撮影に行ったときに、ぼくがあまりにも全体の動きに気を遣っているとびっくりされることがあったのだけど、自分では全くそのつもりはない。普通なんです。

その一方で、言葉についてはもしかしたら、少し手を抜いているかな。短期間の場合はそのほうが伝わりやすいこともあるから。トータルとして効率のいいほうを選んでいるんだと思う。

曽我　エネルギーをうまく使っているんだろうね。ぼくは全部同じトーンで一生懸命伝えようとしちゃうから。

スズキ　大穂は本当にタフだと思うよ。ぼくはサイドを駆け上がるときはすごく走るけど、ああ、逆サイドだなーと思うと少しゆっくり見てるタイプなので（笑）。

人生は偶然でできている

曽我　世の中には、人生を自分でコントロールしてきたと思っている人が多いけれど、ぼくは旅をする中で、自分の人生は偶然でできていると思うようになったんだ。だからうまくできなかった人がいたとしても、それがその人が努力をサボったからとは思えない。うまくいっている人に限って、そう思いがちだけど。ぼくも若い頃は多少そう思っていたのを覚えていて。自分は努力した、という気持ちがあったから。

でも沖縄に住んだことで、それは違うんだと思い知ったんだよね。本当にいろんな人がいた。自分が普通だと思っていた環境は、ある人にとっては欲しくても手に入らないものだとも知った。当たり前の選択肢さえ与えられていない人たちがいっぱいいた。だから本当に嫌なんです、弱肉強食とか、やるやつはやるし、やらないやつはやらない、という考え方は。環境が悪ければ、努力の仕方がわからなければ、しようとも思えない、努力のスタートラインにも立てないということがあるんだから。

ボタンの掛け違えが三つ起きれば、どんな人も殺人まですぐ行ってしまうんじゃないかとさえ、ぼくは思っていて。うまくいった人、いっていない人、殺人を犯した人、犯さずにすんだ人、どれも紙一重なんじゃないか。そういうとき、「ヤバイ、あいつボタンを二つ掛け違えているから、三つ目はみんなで阻止しようぜ」と、周囲がケアしていれば、ゼロに戻れるんじゃないか。それを自己責任とか自助不足というのは嫌だなと思う。

だからといって、誰もそういうことを起こさない社会を実現したいとかいうことではなくて、みんなが創造的な発言をバンバンするような街、時代に生きてみたい。言わなくてはいけないというよりは、言いたくなったらいつでも言える「雰囲気」があればいい。その中で白熱するドッヂボールの「名勝負」みたいな感覚を、生きている間にまた体験してみたい。

子どもの頃に味わった、あの「生きているってまんざらじゃないな」と思える感じが忘れられないんだよね。こんな日が続いたら真っ白になっちゃう、生きている意味あるのかな、と思うようなつまらない日もあったから。毎日、ちょっとでも喜びがあれば、もう少し生きてみようかなと思える。そういう感覚を全部つなげて、仕立て屋のサーカスにはは め込もうとしているんだろうな。

【注】

★60　二〇二〇年一月二七、二八日の東京・新宿ルミネゼロ公演。

それから

高松夕佳

二〇一九年夏に始まった「仕立て屋のサーカス」をめぐる私の旅は、終わりが近づいていたはずの二〇年三月、思いもよらない試練に遭遇した。新型コロナウイルスによるパンデミックである。私たちはいまなおその渦中にいる。

未知のウイルスへの感染とその拡大を防ぐため、密閉、密集、密接の「3密」を避けることは生活の基本となった。学校や会社にも行けない、家族以外の人と対面することさえはばかられる。どこへ行くにもマスクで顔を覆い、本来の「自分」でいられるのは狭い自室空間だけ。パソコンの小さなモニターが社会とつながる唯一の窓だ。大勢の集まるイベントや集会は当然のように中止となり、「不要不急」が日常用語になった。

気がつけば、演者と観客が密に集い、体験を共有する仕立て屋のサーカスの公演は、3密の代表格だった。予定されていた全公演は中止、出版計画も中断せざるを得なくなった。半年をかけてメンバーや周辺の人たちから聞いてきた彼らの魅力は、コロナの時代には口にできないもののような気さえした。

「その場の空気を感じる、五感で知覚していく感じ」（石川直樹）「お互いがお互いを許せて、みんなが他人事じゃなくそこにいるという感じがすごく心地いい」（ミロコマチコ）「誰もがワクワクしたり、安心したり、あたたかくなったり、ということが起きる舞台」（中嶋朋子）……ここにしかない価値として伝えようとしていたものが全否定されるようで、私は途方に暮れた。

「いまの時代、ライブはYouTubeでも見られるし、家の中が居心地いいから若い子は外に出なくなってるでしょう。だからせっかく外に出てきてもらったチャンスは逃したくない。外に出るのもまんざら悪くないというバトンを渡したい」（97頁）。曽我大穂のこの言葉は、外に出るより自宅待機が推奨されるいま、もはや意味をなさないのか。

パンデミック・ショックの春が過ぎ、「新しい生活様式」への違和感が諦めとともに薄れつつあった八月、最後のインタビューとして映像作家の関根光才に話を聞いた。まだ開催が難しい通常公演の代わりに、仕立て屋のサーカスの公演を映像化して配信するプロジェクトが動き出していたからだ。

関根のかかわる映画業界も、コロナの打撃を大きく受けていた。映画館で公開されるはずだった映画のネット配信が急速に増えている。それは由々しき問題だ、と関根は言った。「配信が中心になると、小さな画面で自由にスキップをしながら鑑賞されることを前提に、映像がつくられることになります。冒頭にこういうフックがあれば人は見続けてくれるとか、途中で止められないようなつくり方をしなくてはとか、マーケティングのロジックばかりを餌にした作品が大量生産され、『枠の外』にあるおもしろさに目がいかなくなる。画一的な商品のような表現が並び、野生の、生き生きとした表現が消えていく。仕立て屋のサーカスがやっているような感覚的で、『よくわからないけれどおもしろい』というような表現はどんどん排除されていきます」。

そして関根は、自身が好きだというイギリス人哲学者のティモシー・モートンがコロナ禍で語った言葉を紹介した。[★61]

「いま、多くの人はsurvival（生き延びる）に固執するあまり、alive（活発に生きる）を軽視しているのだとモートンは言います。生き延びることのみを考え、人間らしく生きることを無視している。survivalとaliveはどちらも生命存続にかかわる言葉ですが、二つは真逆

の側面を持っている。生き抜くだけでは、ぼくらは生命を実現できない。そのことへの自覚が失われているのではないか。家の中に閉じこもってスクリーンだけを見つめ、食べるものさえ配給してほしいと願うような状態で、ぼくらは『生きている』と言えるのか。自ら進んで檻の中のウサギになろうとしているのではないか。野に放たれたウサギとしての力をどう取り戻していくかを、きちんと考えなくてはいけないと思います」。

観客が目の前の光景に心奪われながら、自らの記憶を呼び起こされ、独自の体験を深く味わう仕立て屋のサーカスの公演には、コロナ禍で私たちが失ってしまった「人間らしく生きる」要素が詰まっている――半年間のインタビューや対談の原稿を読み直しながら、これらの記録の意義が以前にも増して深くなっていることに、驚きを覚えた。たった半年で世界はすっかり変わってしまったけれど、仕立て屋のサーカスが伝えようとしていたことは、いま新たな輝きを放っていた。

画面の前で身体を動かすことなく、視覚と聴覚のみをひたすら刺激するエンターテイメントに晒され続ける日々は、私たちの何かを少しずつ、しかし確実に蝕んでいくだろう。そしてそのことへの自覚や違和感さえも、じきに奪われていくに違いない。

本書は、だからこそ出版に値する。仕立屋のサーカスの公演に足を運べる日がいつくるのかはわからない。それまでの間、名前のつかない舞台芸術を追求しているグループがいること、公演で生まれるさまざまな感情が人々を魅了していたこと、そしてそこには「人間らしく生きる」ヒントがあることを、この本を通して知ってほしい。困難に流されそうなとき、本書を小さな楔にしてもらえたら。


この秋、仕立て屋のサーカスと一緒に公演の映像化に取り組む関根は、「映像で彼らの公演の魅力のすべてを語ることは不可能だし、目指す必要もありません」と言う。

「ただ、ここで止まるべきではないし、彼らは生きているんだということを見せられるようにしたい。それを待っている人がいるかもしれないし、それで救われる人もいるかもしれない。どんな形態であれ、ぼくらとしてはできることを最大限やってみようという気持ちです。それに、サーカスって何をやってもいい自由な場所ですよね。みんなが内側にこもってしまっている時代だからこそ、仕立て屋のサーカスには、凝り固まった気持ちをほぐして視野を広げてくれるような存在であってほしいと思います」。

「コロナがあって立ち止まることができたのは、とてもよかったです」。

七月末、曽我大穂はそう語っていた。城崎のレジデンスで新しい演目をつくりあげようと懸命に実験を積み重ねていた曽我は、パンデミックという自分ではどうにもならない状況を経て、もしかしたら変えるべきなのは自分自身なのかもしれないと考えるようになったというのだ。

「ぼくだけが力んでいたあのやり方では、きっと行き詰まっていたでしょう。だからと言って、あのままマンネリ化を放置していれば、どこかで崩壊していたことも確かです。ストイックに進めようとしていたこと自体は悪くなかったと思うけれど、こういう状況に陥ったことで、いい緩みが生まれる気がします。みんながいったんバラバラになり、適度な緩みを取り戻したところでやり直すという感じでしょうか。いまは過度な期待をせず、自然に任せてみたいと思っています」。

創設時、曽我は「いまやることとは、とっかかりに過ぎない」と、あらゆることを決めつけない宣言をしていた。仕立て屋のサーカスが、今後も本書で描写されたような姿であり続ける保証はどこにもない。そのことに、私はとても励まされている。東日本大震災が曽我に自らの本当にやりたかったことを思い出させ、仕立て屋のサーカスの原型へと導いたように、コロナ禍は彼らがこれまでの殻を破り、新たな一歩へ踏み出す原動力になるかもしれない。

あなたはいつ、この本を手にとっていますか。これは私が見て聞いた、仕立て屋のサーカスの二〇一九〜二〇年の物語です。

二〇二〇年一〇月
髙松夕佳

【注】

★61 Timothy Morton, "Thank Virus for Symbiosis" https://strp.nl/program/timothy-morton

仕立て屋のサーカスのあゆみ

【結成前夜】

2013年

● 「仕立て屋のサーカス」結成のきっかけとなった年。名前を変えながら頻繁に公演を打っている。公演ごとに曽我が出演者を選び、演出意図を説明した。

3・11―12

Restaurant Bar CAY（東京）

「CINEMA dub MONKSとCAYの料理による大サーカス展」

――出演：曽我大穂（演出・フルート・ハーモニカ・カヴァキーニョ・鍵盤楽器・声・テープレコーダー・トイ楽器）、ガンジー（コントラバス）、辻村豪文（歌・ギター／from キセル）、AFRA（Human Beat Box）、スズキタカユキ（布・ミシン・はさみ・衣裳）、名取哲（映像）

● 観客の反応に大きな手応え。つくばのPEOPLE BOOKSTOREはこの公演以降、ほぼ毎回出店（189頁）。

5・15―16

Restaurant Bar CAY（東京）

「CINEMA dub MONKSの音と布と食の大サーカス展」

――出演：曽我大穂、ガンジー、スズキタカユキ、川村亘平斎（影絵・パーカッション・声／from 滞空時間）、和田充弘（管楽器奏者）、ロボ宙（ラップ／from 脱線3）、二瓶剛（映像）、藤代冥砂（映像）、下司尚実（ダンス）、近藤彩香（ダ

ンス)、渡辺敬之(照明)

●新しい「何か」を見つけようと、多様なゲストを迎えて実験を繰り返した(54頁)。曽我が初めて紙ふぶきを撒く(101頁)。

7・22—23

VACANT(東京)

「CINEMA dub MONKSとスズキタカユキによる音と布と光のサーカス」

——出演:曽我大穂、ガンジー、スズキタカユキ、渡辺敬之

●ゲストメンバーを絞り、「仕立て屋のサーカス」の原型誕生の兆しが生まれる。

10・29—31

Restaurant Bar CAY(東京)

「音と布、光と料理のサーカス」

——出演:曽我大穂、ガンジー、スズキタカユキ、OLAibi(ドラムス/from OOIOO)、AyA(ベース/from OOIOO)、川村亘平斎、和田充弘、森俊二(ギター/from NATURAL CALAMITY)、ロボ宙、渡辺敬之、ダンサーやファッションモデル多数

●初めての三日間公演。29日「影絵の日」、30日「CINEMA dub MONKSの日」、31日「suzuki takayukiの日」。

12・20

VACANT(東京)

「CINEMA dub MONKSとsuzuki takayukiのサーカス」

——出演:曽我大穂、ガンジー、スズキタカユキ、渡辺敬之

●公演後、曽我はこのメンバーでのグループ結成を考え始める。

2014年

3・8

黒潮町ふるさと総合センター 大ホール(高知)

「CINEMA dub MONKSとsuzuki takayuki 音と布、光の大サーカス」

——出演:曽我大穂、ガンジー、スズキタカユキ、渡辺敬之

【1年目】

4・22
●曽我大穂、恵比寿のカチャトラにスズキタカユキ、渡辺敬之、大神崇を集め、グループ結成を呼びかける。「circo de sastre〜仕立て屋のサーカス」結成。

7・5—7
VACANT（東京）
「circo de sastre〜シャビの恋」
●演目タイトルをつけての初公演。グループ名「シルコ・デ・サストレ」をお披露目するも、お汁粉と間違われる（66頁）。

8・8—10
はこだて国際民俗芸術祭（北海道）
●屋外公演。強風の中、電源や照明トラブルが発生、不完全燃焼に終わる。

11・23—24
rizm（兵庫）
「仕立て屋のサーカス篠山公演」
●前中久和氏招聘で、関西初開催。

【2年目】

2015年

1・19
京都芸術センター（京都）
「circo de sastre〜シャビの恋」
●山崎伸吾氏との共同制作開催。

2・8
象の鼻テラス（神奈川）
「シャビの恋」（TPAM Showcase program）
●海外公演の実現に向け、各国の劇場関係者が集まる「TPAM国際舞台芸術ミーティング in 横浜」に参加するも、決まらず。

2・14
VACANT（東京）
「旅立ちのラウル」（TPAM Showcase program）
●二つ目の演目名つき公演。

6・13—15
VACANT（東京）
——ゲスト：向雲太郎（舞踏家・振付家）、和田充弘

7・11—12
旧・立誠小学校・講堂（京都）
●京都精華大学ポピュラーカルチャー学部の学生たちとの共同制作公演。手島すみれが学生として参加（238頁）。旧・立誠小学校は二〇〇八年に解体改修、二〇年ヒューリックホール京都に。

7・20
ESPER（東京）
●会場のESPERは、スズキの旧友でヘアメイクアップアーティスト・赤松絵利氏の美容室。

7・30—31
CAFÉ UNIZON（沖縄）

11・2—3
早川倉庫（熊本）
——ゲスト：藤田貴大（マームとジプシー／劇作家・演出家）、青柳いづみ（俳優）
●二人のゲストにより、言葉や演劇の要素を導入した。

【3年目】

2016年

1・9—16
VACANT（東京）
——ゲスト：藤田貴大（13日のみ）、ロボ宙（16日のみ）、KO（トランペット：16日のみ）
●初の一週間公演は大盛況。

6・25—26
VACANT（東京）
——ゲスト：関根光才（映像作家）
●能の「砧」をテーマに関根が映像作品を投影（145頁）。

7・23
大津倉庫プティパレ（鹿児島）

7・25—26
早川倉庫（熊本）

7・29—31
Factory Unvelashu（福岡）
●九州ツアー。事前に大神が単独で会場調査。初めて複数都市を回る（268頁）。

8・5—6
金沢21世紀美術館・プロジェクト工房（石川）
——ゲスト：関根光才
●美術館で初公演。公演後、仕立て屋のサーカスを美術作品として展示するアイデアを提案するも実らず。二〇一八年七月のNIFRELで実現した。

8・20
吉野町煉瓦倉庫（青森）
「光と音のサーカス弘前公演」
——ゲスト：小金沢健人（美術家）
●スズキの参加がスケジュールの関係で直前まで決定せず、発表時は仕立て屋のサーカス名ではなかった（135頁）。改築前、吉野町煉瓦倉庫としてのラストイベント。弘前市主催、NPO harappa企画運営。二〇二〇年、弘前れんが倉庫美術館に。

【4年目】

2017年

1・7—15
LUMINEO（東京）

「シャビの恋／旅立ちのラウル／ある一夜の夢のようなお話／跡」

——ゲスト：野村友里（eatrip）、向雲太郎、和田充弘

●設備の整った劇場ホールで初めての一週間公演。ラストシーンで大きな系統樹のようなものが生まれる新作「跡」を発表した。

2・19

BankART Studio NYK（横浜）

TPAM program

5・13

森、道、市場（愛知）

●野外音楽フェスティバルからの初招聘。

5・31―6・3

UNO-N　SODA（福岡）

●UNO-N　SODAの小寺史郎がこの後、制作に携わるように（262頁）。

6・17―18

旧・立誠小学校講堂（京都）

7・15―16

Guild Nemuro（北海道）

●初の海外公演に備えての合宿＋公演。

［第1回海外公演］

11・10―12、17―19

NAVES MATADERO International Living Arts Center（スペイン・マドリッド）

●「二年目以降海外公演を中心に活動する」とした結成時の目標から二年遅れて海外ツアーが実現。公演ごとに評判となり、最後の三公演は即完売、入口には当日券を求める客があふれた（260頁）。二〇一七、八年のヨーロッパツアーを庄司蔵人がまとめる。

12・18―19

INDOESTRI Marker space（インドネシア・ジャカルタ）

・経済産業省の派遣事業として、メンバーによるワークショップと公演を開催。全公演完売。

・スペイン、インドネシアの両公演には映像作家の石田悠介が同行、ここで撮影した映像を軸に、仕立て屋のサーカスと石田による映画製作プロジェクトが始まる。この頃から、手島が本格的に制作に携わるようになる。

【5年目】

2018年

1・11—14
LUMINE0（東京）

・この公演後、創設メンバーの大神（通称・団長）が仕立て屋のサーカスを離れる。

3・3—4
スパイラルホール（東京）

・1月公演の追加公演として開催。地下にあるRestaurant Bar CAYがきっかけで生まれた仕立て屋のサーカスが、四年を経てスパイラルビルに凱旋。1、3月の東京公演で延べ二〇〇〇人を動員した。

4・30—5・1
早川倉庫（熊本）

5・4—7
UNOIN　SODA（福岡）

6・9—10
Space EDGE（東京）
「見習いのサーカス」実験トライアル公演
——ゲスト：辻本知彦（ダンサー、振付師）

7・7—8
愛宮ラサール記念館・2階ホール（広島）

・山田幹氏（OPENING LAB）、大西勇史氏（カトリック広島教区司祭）との共同制作開催。西日本豪雨により、出店者のほとんどが参加できず。開催を迷うも、広島市内の観客からの熱い要望により実現した。

7・19

NIFREL（大阪）

●インスタレーション作品制作のための特別公演。

7・19—2019・1・5

NIFREL（大阪）作品展示

●公演のラストシーンをそのまま保存、ある時間になると光や音楽が動き出すというインスタレーション作品が六か月間展示された。

10・15—16

CLASKA（東京）

——ゲスト：中嶋朋子（俳優）

●「サーカスをもう一度かき混ぜる」をテーマに開催（202頁）。CLASKAはホテルを再利用した複合施設。二〇二〇年、老朽化により閉館。

［**第2回海外公演**］

11・2—4

Tabakalera International Centre for Contemporary Culture（スペイン・サン・セバスティアン）

11・9—11、16—18

Le VOLCAN（フランス・ボルドー）

11・24—25

Círculo de Bellas Artes - Sala de Columnas（スペイン・マドリッド）

●前年を超える反響。ボルドーでは「フランスでも見たことのない舞台芸術であり、新しいサーカスだ」との感想も。

●一二月、創設メンバーの渡辺（照明）が退団。以降、外部協力に。

【6年目】

2019年

1・18—20

LUMINEO（東京）

—ゲスト：小金沢健人

●渡辺の脱退（外部協力）を受け、新しいアプローチを探るべく、美術家の小金沢を招いた。

4・27—5・7

LUMINEO（東京）

「仕立て屋のサーカス大博覧会 - Gran Exhibición de Circo de Sastre」

—ゲスト：青柳拓次（音楽家）、中嶋朋子、辻本知彦

ワークショップ：「ラップと朗読—ラップの詩の世界」（ロボ宙）、「菌の世界から宇宙を覗いてみる」（勝見淳平）、「サーカス学講座—グレイテスト・サーカス・シネマ」（ノンフィクション作家・大島幹雄）、「オトコトバヅクリ—音と言葉を集めて」（演出家・大谷賢治郎、青柳拓次、stillwater）、「体でサーカスを歌おう」（下司尚実）、「ジャズ五選」（ガンジー）、「ダンボールで作る！」（みんなのダンボールマン、パペット作家kaz）、「サーカスワークショップ」（仕立て屋のサーカススタッフ）

●史上最長となる二週間公演。エントランスホールでは仕立て屋のサーカスがプロデュースする短期学校が開校、多分野の講師による授業・ワークショップを毎日開催した（75頁）。

7・12—15

UNO-N　SODA（福岡）

8・18

Space EDGE（東京）

「落ちてくる空」トライアル公演

●曽我とスズキが出演しながら照明・演出を手がける試み。よりシンプルな光の演出方法を模索し始める。

［第3回海外公演］

10・31—11・3

Les Vivres de l'Art（フランス・ボルドー）

●三度目のヨーロッパツアー。現地制作者として、田部まりやが参加。

11・8—10

Centro Cultural Hangar（スペイン・バルセロナ）

●現地制作者として、セルジ・ブエノ・ナバーロ（NIU文化協会ディレクター）、有本彩ラウラ、窪田あすかが参加。初めてのバルセロナ公演は大盛況で、最終日の昼に急遽追加の公演が決まった。

【7年目】

2020年

1・10―12
京都精華大学友愛館Agora（京都）

1・25―28
LUMINEO（東京）
――ゲスト：ミロコマチコ（画家・絵本作家）

●ミロコが即興で色をつけ、描き込んだ布をスズキが操ることで、モノトーンが主流だった公演に初めて鮮やかな色彩が溢れた。

2・1―15
城崎国際アートセンター（KIAC、兵庫）
アーティスト・イン・レジデンス
――ゲスト：いしいしんじ（小説家）、野村誠（作曲家・音楽家）

●初の滞在制作。曽我とスズキが二週間、試行錯誤を重ねた（279頁、288頁）。

4・7
●新型コロナウイルス感染症に係る政府の緊急事態宣言。五月に開催予定だったKAAT神奈川芸術劇場公演は、二〇二一年四月に延期された。

10・29―11・1
LUMINEO（東京）
配信公演
――ゲスト：関根光才、共同制作：NION

●コロナ危機後、初めての公演は映像作品としての配信公演に（302頁）。

●**NINi**（飲食）
3階の窓からは印象的なS字カーブの道路が見下ろせる。もう一方の窓からは遠くまで見渡せる住宅街。モルタルで設えたカウンターには、フランスから取り寄せた趣の異なる古い木製椅子が並ぶ。
熊本県熊本市中央区坪井2-3-37 金田ビル3F／096-345-3588
facebook.com/NINikumamoto

●**monne legui mooks**（飲食）
店主の岡田浩典が「人が集う場所をつくりたい」と、旅の途中で出あった波佐見焼の製陶所跡地を改装して開いたカフェレストラン。展示会やライブ、イベントも開催。通称「ムック」。
長崎県東彼杵郡波佐見町井石郷2187-4／0956-85-8033
mooks.jp

●**WARANAYA FARM & café**（飲食）
大村市の高原に建つ古い納屋を利用したカフェレストラン。育てた小麦を原料に、専用の釜で焼くピザやパスタ、オーガニックコーヒーなどが人気。庭には対州馬やヤギがのんびり暮らす。
長崎県大村市東大村1-1880-72／095-750-2276
waranaya.com

●**さくらじまJacob Spice**（カレー）
鶏ガラベースのスープ、野菜や果物、スパイスでじっくり煮込んだカレーが人気のカレー専門店。
鹿児島県南九州市川辺町清水9399-3／0993-87-1422
Instagram：@sakurajimajacobspice

●**森のかぞく**（飲食）
鹿児島のオーガニック農園食堂&キッチン。自然光が差し込むオープンキッチンで提供される、有機野菜を使った料理が人気。
名山レトロフト店　鹿児島県鹿児島市名山町2-1 レトロフトチトセ1F／099-227-2708
https://morikazo.com

●**凡 born**（飲食）
東京でロックバーを経営していた店主・中園氏が地元鹿児島でオープンした居心地のよいバー。ライブやワークショップなども行う。

鹿児島県鹿児島市東千石町1-15 サキムカイビル1F／099-201-3924

●**HMI株式会社**（菓子）
海と人との調和をめざし、錦江湾魅力化プロジェクトなどを企画する会社。仕立て屋のサーカス公演では、巻き網漁で獲れた魚のチップスを提供した。

鹿児島県霧島市隼人町真孝708-2／0995-42-6410

●**cocuu**（服）
「毎日を大切に大事に過ごすことは、呼吸をするように自然で大切なこと」と考え、身につけるとうれしくなるような洋服や雑貨を提案。
鹿児島県鹿児島市東千石町17-6 1F／099-295-3502
cocuu.shop

［**沖縄公演**］

●**cafe UNIZON**（飲食）
沖縄の文化を県外へ、県外の文化を沖縄に紹介すべく、昼は「沖縄文化食堂」、夜は「沖縄文化酒場」として営業。物販やライブ、イベント、展示を行う「沖縄文化市場」も開催。
沖縄県宜野湾市新城2-39-8-2F／098-896-1060
www.cafe-unizon.jp

●**mofgmona no zakka**（雑貨）
沖縄で活動する作家や工房の器を中心に扱う雑貨店。つくり手の人柄が感じられる、暮らしに馴染む器を選んでいる。
沖縄県宜野湾市宜野湾2-1-29-301／098-893-5757
tso.mofgmona.com
Instagram：@mofgmona

◉コウボパン小さじいち（パン）*
自家製酵母と石臼で挽いた地元産小麦を使ったパンを焼く、鳥取県大山のパン屋。カフェでは、さまざまな発酵果実による酵母料理も提供している。
鳥取県西伯郡伯耆町金屋谷1713-1／0859-68-6110
Instagram：@kosajiichi

◉香味喫茶ハライソ珈琲（コーヒー）*
尾道本通り商店街にある、手回しの自家焙煎豆をネルドリップで淹れる喫茶店。夜にはライブやレコード・映画鑑賞会が開催されている。
広島県尾道市東御所3-13 2階／070-5301-4912
Instagram：@paraisocoffeeonomichi

◉COFFEE COUNTY（コーヒー）*
久留米市のコーヒー焙煎所。ニカラグアを中心とした中南米の生産農家とつながり、作り手の人柄や土地の風土まで伝えている。福岡市にも店舗がある。
福岡市久留米市通町102-8／0942-27-9499
coffeecounty.cc

◉moderado music（CD）*
アルゼンチン音楽からドローンまで、コアな音楽を「シアワセの赤い鞄」に詰め込み、岡山の音楽好きが集まるカフェやバーで夜ごと売り歩く「流しのCD屋」。
moderado.jugem.jp

◉geeekman paintings（ペイント）*
鳥取県米子市を拠点に、絵や手書き看板、グラフィックデザインを製作。年に1度、鳥取のどこかで開催するポップアップ「Culture Club YYY」や、出張看板屋「サイン会」を開催。
www.geeeeekman.com
Instagram：@geeekman_paintings

◉白水麻耶子（絵画）*
尾道市在住の画家・美術作家。生活の中から生まれる想いや心情を、人や動物などとして描いている。似顔絵仮面、張子の販売やライブペインティングも。
www.mayakohakusuiii.com
Instagram：@mayakohakusui

［九州公演］

◉UNION SODA（ドリンク）
展覧会、イベント、ライブなどを開催するプロジェクトスペース。仕立て屋のサーカス福岡公演やCINEMA dub MONKS、曽我大穂のソロ公演も開催。
福岡県福岡市中央区大名1-1-3-201／070-5270-3973
unionsoda.jp/

◉IBIZARTE（飲食）
福岡市のスペイン料理店。自家製ハム、ソーセージは、スペインの伝統的製法で保存料・着色料を使わず手づくりしている。ライブやDJイベントも開催。
福岡県福岡市中央区薬院1-16-17／092-715-0153
www.ibiza-familia.com

◉CAFE SONES（飲食）
小さいながらドラマや出会いの詰まったカフェ。ケータリングも行う。
福岡市中央区薬院1-16-18-102／092-741-8287
sones.cc/sones

◉ANTE-ROOM（服）
素材や縫製にこだわった気持ちの良い服を扱うとともに、安全で安心できる食材を提供するライフスタイルショップ。
福岡県福岡市中央区鳥飼1-1-25／092-791-4775
anteroom.jp

◉Re;li（服）
「感性を身に纏う」をコンセプトとしたセレクトショップ。「何を身につけるかは、人の人生を変える」との想いから、背景にある精神性を大切にして選ばれた洋服や雑貨が並ぶ。
熊本県熊本市中央区上通町9-14 田上ビル1F／096-354-3636
reli-shop.com

［関西公演］

◉ポノポノ食堂（飲食）
猿渡孝彦・知子夫妻が2012年、尼崎市で開いた料理店。たかはしよしこ監修のもと、自然農・無農薬食材を使った玄米・麹料理を提供。17年妻・知子が他界、20年にはコロナ禍で閉店した。地球環境への影響も踏まえたこれからの飲食店のあり方を模索しつつ、新店舗開業に向けて準備中。
Instagram：@ponoponoshokudo

◉四月の魚（飲食）
早乙女茂樹・智子夫妻がフランス、イタリア修行での経験を生かし、料理教室、出張料理やイベント出店、ケータリングを行っている。
shigatsuno.exblog.jp

◉NEHA（衣服・雑貨）
波の音が聞こえる淡路島の古民家セレクトショップとして、洋服や雑貨を販売するほか、カフェスペースでライブや個展、ワークショップも開催。2019年に福岡に移転。「人手が少なかった初期の頃、店主の白神くんがよく運営を手伝ってくれていました。感謝しています」（曽我）。
福岡県福岡市中央区清川1-11-15-105
neha-awaji.com

◉ローチョコレートらうらう（チョコレート）
rawcacao・デーツ・糀を使った砂糖・乳製品不使用のローチョコレートやヴィーガンパフェなど、幸福感が循環するスイーツを創っている。
Instagram：@raw_chocolate_rau

◉rizm（会場）
丹波篠山にある、古い米蔵を改装したイベント会場。2015年11月に仕立て屋のサーカス初となる2日間の関西公演を開催した。山々に囲まれたアクセスの悪い場所にもかかわらず、イベント開催時には全国から音楽ファンが集まる。
兵庫県篠山市今田町下小野原7-2／079-506-3101
colissimo.jp

◉colissimo（カフェ）
rizmの100メートル先にある古い郵便局を改装したカフェ。丹波篠山の地元野菜を使い、記憶を紡ぐ味をつくっている。
兵庫県篠山市今田町下小野原3-7／079-506-3101
Instagram：@cafe_selen

◉キビトパン（パン）
ルヴァン信州上田店の店長を経て、兵庫県三田市に開業。「木（自然）」と「ヒト」を結ぶ架け橋になるようなカンパーニュをつくりたいとの想いを原点に、大地に優しい素材を使い、子どもも安心して食べられるパンを焼いている。
兵庫県三田市高次1-4-21／079-559-0788
www.kibitopan.com

◉papernica／ペパニカ（楽器）
アコーディオン修理・調律師の岡田路子が考案した、紙で作るアコーディオンのようなじゃばら楽器のDIYキット。ひとつにつき一音が鳴り、ハンドベルのように演奏できる。
大阪府大阪市西区九条1-28-2
neneroro accordion repair service（アコーディオン専門の修理・調律店）www.neneroro.com
ペパニカ　www.papernica.com

［広島公演］

◉nandi（カレー）
東京の名店で修行した店主・平原祥行が故郷の広島で開業したインドカレーレストラン。激辛サラサラカレーが人気。広島電鉄1号線・中電前駅近く。
広島市中区小町6-20／082-249-4511
facebook.com/7300041nandi

◉READAN DEAT（本・器）
広島で清政光博が営むアートを中心とした本と器のお店。ギャラリーを併設、展示やイベントも行っている。
広島県広島市中区本川町2-6-10 和田ビル203／082-961-4545
readan-deat.com

人が喜び、一輪でも画になる花を使ったユニークな世界観を表す花のアレンジを行っている。
東京都港区南青山3-14-10 シブレ南青山B1／03-3403-0535
logi.jp.net

◉TACOS Shop（飲食）
吉祥寺駅前にある小さなタコス屋。国産を中心とした季節の食材を使って一つひとつ丁寧につくったタコスや、ナチュラルワイン、ライムサワー、メキシコビールを提供している。
東京都吉祥寺本町1-1-5
Instagram：@tacosshop_

◉飲 & YO!（飲食）
高千穂有作と鳥居佑香によるすこやか料理ユニット。ベジメニューから酒の肴まで、楽しくて踊れる料理をモットーに日々あちこちで料理を提供中。
高千穂有作 Instagram：@sftakachiho
鳥居佑香　fromjicca.com

◉キッチン みなとや（飲食）
恵比寿カチャトラのシェフが守谷に開いたパスタとピザのお店。
茨城県守谷市板戸井2312-4／0297-28-1228
Instagram：@kitchen_minatoya

◉MIDOLINO_（飲食）
キッチン・店舗での生産・販売の実戦経験を重ねながら、新しいビジネスをつくっていく人を応援する、シェアキッチンをベースにした創業支援施設。
東京都武蔵野市緑町1-5-20第一根岸ビル1F／0422-38-8457
midolino.tokyo

◉ CUMR FOOD TRACK（飲食）
久村幸平、久村藍によるフードユニット。神奈川県を本拠地に、薪窯を積んだフードトラックでのナポリピッツァの販売を中心に、様々なケータリングを行う。情報や流行に流されることなく、自らの感覚で食材を選び、食を通した表現をしている。
www.cumrfoodtruck.com

◉Aquvii（衣服）
アクセサリー・洋服・雑貨ブランド。あくびのように人から人へと少しずつ伝染していくようにとの願いを込め、見た人が思わず笑顔になるちょっとひねりのあるモノを創り出している。
東京都渋谷区代官山町2-5 SAMVA代官山
www.aquvii.com

◉中村亮子（飲食）
料理創作ユニットGomaを従姉妹のアラキミカと一緒に主宰。「食」をテーマに雑誌やweb媒体での作品発表から、広告ビジュアルの製作、物作りワークショップ開催まで多彩なフィールドで活動中。
gommette.com

◉anuenue（帽子）
アフリカの記事やヴィンテージ記事、古着などさまざまな素材を使ってリバーシブルの帽子をつくる帽子屋。
Instagram：@anuenuekako

◉網の店おおやま（網）
網好きによる出店型のお店。タイの女性たちによる味わい深い手編みの網バッグを販売している。
Instagram：@0yamana0ki

◉象の鼻テラス（飲食）
種類豊富な紅茶メニュー、横浜産の食材や地ビールなど、地域に根差した食材を使ったオリジナルフードを提供。
神奈川県横浜市中区海岸通1丁目 象の鼻テラス内／045-680-5677
zounohana.com/cafe

［金沢公演］

◉オヨヨ書林（本）
金沢の古書店。文芸・思想・社会科学が中心のせせらぎ通り店と、アート、写真集などに特化した新竪町店がある。
せせらぎ通り店：石川県金沢市長町 1-6-11／076-255-0619
oyoyoshorin.jp

調理を心がけている。サーカス公演では、10か国の料理を一皿に載せた「空想世界一周料理」を、毎回テーマを変えて提供している。
茨城県つくば市上野700-5／029-879-9873
hana-tsukuba.jugem.jp

◉千年一日珈琲焙煎所（コーヒー）
つくばの直焙煎珈琲屋。店名は、ある宗教家の言葉「Do all your work, as though you had a thousand years to live, and as if you were to die tomorrow.（千年の命があるかのように、かつ明日死ぬかのようにおつとめしなさい）」より。障害を持った方たちとはたらく場所へと華麗に変態中。
茨城県つくば市天久保3-21-3星谷ビルF/G／029-875-5092
1001coffee.jugem.jp

◉仙人スパイス（胡椒）
生の胡椒を房のまま塩水漬けした「純胡椒」を販売。インドネシア・カリマンタン島の豊富なミネラルをたっぷり含んだ胡椒はフレッシュそのもの。「初めて1粒食べ、口の中で香りがプチンとはじけた瞬間、まるで世界で一番小さなサーカスが口の中に生まれた気がした」(曽我)。
www.sennin-spice.com

◉エジプト塩食堂（飲食）
料理家・たかはしよしこのフードアトリエ「S/S/A/W」で不定期に営業する予約制食堂。万能調味料「エジプト塩」を使った、季節のおいしい野菜がたっぷりの週替わりランチプレートが人気。
東京都品川区荏原5-15-15 西小山サマリヤマンション1F／03-3782-5100
s-s-a-w.com
egyptjio.stores.jp

◉サケフェスプロジェクト（酒）
日本酒を呑みながら、音楽、植物、アートなどとセッションすることで、新たな魅力を発見するプロジェクト。現在、活動休止中。主宰者 "DJ七福"が川崎北部を拠点に活動中。
Instagram：@dj_7fuku

◉Little Nap COFFEE STAND（コーヒー）
濱田大介が2011年に代々木公園沿いの住宅地に開いたコーヒーショップ。地域住民が気軽に立ち寄りコーヒーカルチャーに触れる、カフェというよりコーヒースタンドのような店。
東京都渋谷区代々木5丁目65−4／03-3466-0074
littlenap.jp

◉restaurant eatrip（飲食）
光と緑と風に恵まれた原宿の一軒家レストラン。野村友里がeatripの活動を通してつながりを育んできた、信頼のおける生産者から届く新鮮食材に丁寧に向き合い、シンプルな味わいの中に少しの驚きと工夫を加えた料理を提供している。2017年1月の仕立て屋のサーカスLUMINE0公演では、野村の料理の香りや音を演目自体にも取り込んだ。
東京都渋谷区神宮前6-31-10／03-3409-4002
restaurant-eatrip.com

◉nicolas（飲食）
三軒茶屋にあるカフェ。店内にはピアノもあり、作品展や音楽ライブ、トークイベントなども開催している。
東京都世田谷区太子堂4-28-10 鈴木ビル2F／03-6804-0425
www.nicolasnicolas.com

◉コマグラ カフェ（飲食）
季節の食材を使った食事やデザートが楽しめる吉祥寺の隠れ家カフェ。
東京都武蔵野市吉祥寺本町2-14-28 大住ビル3F／0422-23-6450
komaguracafe.stores.jp
Instagram：@komaguracafe

◉柳澤由梨（飲食）
和食店「庭niwa」店主。日本料理で育つ中で得た広範な「食」を融合させ、素朴なおいしさあふれる料理を手がけている。
庭niwa　東京都渋谷区鉢山町9-18／03-6416-1118
Instagram：@niwani00

◉logi plants & flowers（生花）
「ココロニノコルハナ」をコンセプトに、受け取った

出店者リスト

仕立て屋のサーカス公演になくてはならない、出店コーナーのお店一覧です(2020年9月現在)。( )内は出店時の分類。訪問の際は、各店舗にご確認ください。

*は「2018年西日本豪雨」のため、会場入りが困難になり、出店を断念

［根室公演］

◉VOSTOK labo(菓子)
北海道の東の端、根室にあるアトリエからゆったりと広がる風景の中で育まれた、上質な食材でつくるお菓子を提供。
北海道根室市光和町2-10 JR根室駅前観光センター内／0153-24-0555
Instagram:@vostok_labo

◉guild Nemuro(アンティーク雑貨)
北海道根室市にある古道具を中心としたセレクトショップ。国内外のセンスの良い品々が並ぶ。長野県松本市内に、別館／guild Bekkanもオープン。
北海道根室市昭和町4-396
www.guild-nemuro.com

［関東公演］

◉Restaurant Bar CAY(飲食)
東京・青山スパイラルビル地下一階にあるレストランバー。東京における音楽発信基地でもあり、「仕立て屋のサーカス」の原型を生んだ場所(53頁)。
東京都港区南青山5-6-23 スパイラル B1F／03-3498-7840

◉PEOPLE BOOKSTORE(本)
つくばにある本と音楽のお店。古本を中心に新刊、自主制作の音源や冊子、Tシャツなどを扱う。店主の植田浩平(188頁)の自然体で自由な空気に惹かれて人が集まる。「千年一日珈琲焙煎所」とは隣同士、共同でイベントを開くことも多い。2013年から出店。
茨城県つくば市天久保3-21-3星谷ビルE／
mojomojo.people@gmail.com
people-maga-zine.blogspot.com

◉パラダイス アレイ ブレッドカンパニー(パン)
PARADISE ALLEY BREAD & CO.
昭和初期から住民の台所として賑わう鎌倉農協連即売所(レンバイ)の一角にあるベーカリー。発酵にどハマりした店主・勝見淳平曰く、「パンも人間も動物も、すべては菌のかたまり」(241頁)。嚙みしめるほどに味わい深いパンの数々は、豊かな菌からできている。カフェ併設。2013年から出店。
神奈川県鎌倉市小町1-13-10／0467-84-7203
cafecactus5139.com/paradisealley

◉つくばねファーム(飲食)
筑波山のふもとにあるイチゴ農園。1000坪のビニールハウスを持つ農園を譲り受けた小辻孝輔が23歳で立ち上げた。いちご狩り、直売、ジャム加工、ライブや展覧会、ワークショップ、農産物の収穫体験なども開催する、地域住民みんなの居場所。2013年から出店。
茨城県つくば市和台原1494-24／029-869-0069
tsukubanefarm.com

◉つくば食堂　花(飲食)
つくばの野菜を主役とした和食店。自然と風土が生み出す素材本来の力強さと生産者の心を伝えるべく、食材は近郊から仕入れ、シンプルで丁寧な

【出典】23、273頁　第二三回京都賞二〇〇七　ピナ・バウシュメッセージ（二〇〇九年）
149頁　野口三千三著『野口体操　おもさに貞く』春秋社
193頁　小泉文夫著『音楽の根源にあるもの』青土社
245頁　ジェリー・メイヤー、ジョン・P・ホームズ著『アインシュタイン150の言葉』
ディスカバートゥエンティーワン

【協力】仕立て屋のサーカス（写真・60頁、258頁）

【写真】
三田村亮（みたむら・りょう）
写真家。一九七七年、京都府生まれ。大学在学中からライブ撮影を始め、国内外の音楽家を撮り続けている。アーティスト写真やCDジャケット、雑誌等でも活動中。

【聞き手・編】
髙松夕佳（たかまつ・ゆうか）
編集者。一九七五年、茨城県生まれ。日本評論社、福音館書店を経て二〇一七年、ひとり出版「夕書房」を設立。人文・芸術系の書籍を刊行しながら、フリーランスライターとしても活動している。

したてやのサーカス

Stories of Circo de Sastre

監修協力　曽我大穂
聞き手・編　髙松夕佳
装幀　佐々木暁
発行者　髙松夕佳
印刷・製本　株式会社シナノパブリッシングプレス

発行所　夕書房
〒三〇五ノ〇〇三五
茨城県つくば市松代三ノ十二ノ十一
電話＝〇九〇・六五六三・二七六二
http://www.sekishobo.com

二〇二〇年一二月四日　初版発行

乱丁・落丁本はお取り替えいたします。 NDC914／328ページ／14×19センチ
ISBN978-4-909179-06-7

Published by Seki Shobo, Tsukuba, 2020　Printed in Japan